JN023215

必要最低限の
消費税
インボイス 対応

第2版

はじめに

　インボイス制度の開始時期が近づいてきました。

　ところが，実務の現場においては，制度理解や制度導入に向けた準備が思うように進んでいないケースが見受けられます。

　インボイス制度の導入は平成28年の税制改正において決定しましたが，その後，消費税率引上げの延期に伴う開始時期の見直しや制度導入までの経過措置期間があり，導入までには長い準備期間がありました。

　それでも，現場では「間に合わない」との声が多く聞かれます。

　なぜでしょうか。

　原因として考えられるのは，**インボイス制度が消費税法に規定された制度ながら，その影響は税法だけにとどまらない**という点です。

　インボイスを交付できる事業者として登録をするかどうかの選択により，事業者間取引の取引条件に影響が生じます。

　そうすると，企業であれば，経理担当者や顧問税理士だけが制度の内容を把握しておけばよいのではなく，経営層はもちろんのこと，社内の様々な部署にも周知が必要となってきます。

　フリーランスなどの免税事業者においても，その多数が直接的に大きな影響を受ける制度であり，制度の理解は必須となります。

　このように事業者間の取引に関係する**多くの当事者が制度についての共通の理解を持たなければならない**ために，制度準備を進めるのが難しくなってくるのです。

　インボイス制度は，各種の**論点を掘り下げるととても細かい取扱い**があり，必要に応じて専門家の助言を得ながら制度の準備を進めていく必要があります。

一方で，上述のとおり，**取引先との調整などは，事業者が主体的に行わなけ****ればなりません**。しかし，多くの関係当事者の全員が，詳細な取扱いのすべてを把握しようとするなら，どれほど時間があっても「間に合わない」ということになってしまうでしょう。

　このような点を踏まえ，**本書では，課税事業者が踏まえておくべき必要最低****限のインボイス制度の概要について解説をする**とともに，インボイス制度導入に向け，**取引先との交渉など，事業者が行うべき今後の対応について実務的な****観点から解説**しています。

　インボイス制度は多くの事業者において税負担や事務負担が増加する可能性のある制度です。その影響の度合いは事業者の状況に応じて大きく異なりますので，自身への影響を早めに検討し，制度導入をできるだけスムーズに迎えられるように準備を進める必要があります。
　本書が今後の制度導入に向けた準備において多くの方々の実務の手助けとなれば幸いです。

　末筆にはなりましたが，本書の作成，発刊にあたり多大なご尽力を頂きました税務経理協会の吉冨様にこの場をお借りして深く御礼申し上げます。

　令和5年1月

税理士法人山田＆パートナーズ
執筆者一同

目次

第3章 仕入側として受領するインボイスと仕入税額控除

第6章 インボイス制度下における契約の重要性

【凡例】

本書で使用している主な略称は以下のとおりです。なお，本書は令和5年1月1日現在の法令等によっています。

28年改正法 …………	所得税法等の一部を改正する法律（平成28年法律第15号）
改正令 ………………	消費税法施行令等の一部を改正する政令（平成30年政令第135号）
新消法 ………………	28年改正法及び所得税法等の一部を改正する法律（平成30年法律第7号）による改正後の消費税法
新消令 ………………	改正令による改正後の消費税法施行令（昭和63年政令第360号）
新消規 ………………	消費税法施行規則等の一部を改正する省令（平成30年財務省令第18号）による改正後の消費税法施行規則（昭和63年大蔵省令第53号）
電子帳簿保存法 ………	電子計算機を使用して作成する国税関係帳簿書類の保存方法等の特例に関する法律（平成10年法律第25号）
電帳規 ………………	電子計算機を使用して作成する国税関係帳簿書類の保存方法等の特例に関する法律施行規則（平成10年大蔵省令第43号）
インボイスQ&A ……	消費税の仕入税額控除制度における適格請求書等保存方式に関するQ&A（平成30年6月（令和4年11月改訂））
インボイス通達 ………	消費税の仕入税額控除制度における適格請求書等保存方式に関する取扱通達（平成30年6月6日付課軽2－8ほか5課共同「消費税の仕入税額控除制度における適格請求書等保存方式に関する取扱通達の制定について」通達の別冊）

第 1 章 インボイス制度導入に向けた事前対応の実務

I　インボイス制度導入の背景

　令和5年10月1日から，複数税率に対応した消費税の仕入税額控除の方式として適格請求書等保存方式（いわゆるインボイス制度）が導入される。インボイス制度の導入には，以下のような背景がある。

> ●消費税率10%への引き上げに合わせて軽減税率8%が導入されたことに伴い，税率が複数となった。これにより売手から買手に対し，取引における正確な適用税率や消費税額等を伝える必要が生じた。
> ●税率の引き上げにより広く国民全体への税負担が増加し，停滞する経済活動の重荷であるとする見方がある一方で，税率の引き上げにより，かねてより指摘されていたいわゆる消費税の益税問題(注)の影響も拡大した。制度への不透明感を解消する観点からも，適格請求書（インボイス）の交付のない取引については仕入税額控除の適用をできないようにするとともに，インボイスを交付できる事業者を課税事業者に限ることとした。

（注）　消費税の益税問題
　　　　消費者が支払った消費税が納税されないまま事業者の手元に残る問題。小規模事業者向けの負担軽減措置である「事業者免税点制度」「簡易課税制度」により生じる。

　消費税率10%への引き上げは2度の延期を経て，令和元年10月1日から実施された。しかし，インボイス制度は，税率引き上げ後ただちには実施されず，4年間の経過措置の取扱いを挟むこととなった。インボイス制度の導入までに4年間の経過措置が設けられているのは，実務に与える影響が大きく相応の準備期間を要するからと考えられ，今がまさにその準備をすべき時期となっている。

Ⅱ 「仕入税額控除制度」の適用要件

　インボイス制度とは，端的にいえば，事業者の消費税の申告計算における「仕入税額控除」の適用要件に関連する制度である。

　消費税は，商品の販売やサービスの提供の対価に上乗せして課され，これらの対価を支払う消費者が負担する税金である。ただし，国への申告・納税については消費者が直接行うのではなく，消費税を受領した事業者が行う，いわゆる間接税である。事業者における消費税の納税額の計算に当たっては，生産，流通などの各取引段階で二重三重に課税されることがないよう，受領した売上げに係る消費税から経費等の支払いの際に負担した消費税を控除することができる仕組みとなっている。これを仕入税額控除制度という。

　仕入税額控除を行うためには，原則として，取引の事実を記載した帳簿とその事実を証する請求書等の保存が必要である。税率引き上げに伴い，「請求書等の保存」に関する取扱いについては【図表1】請求書等の保存に関する制度の比較のとおり推移している。

　仕入税額控除を適用するために請求書等の保存義務が課されているのは，制度を適用する仕入側であるが，請求書等を発行するかどうかは売上側の問題である。インボイス制度導入に向けた検討においては，この点をしっかりと理解しておく必要がある。

　インボイス制度適用までの準備期間といえる「区分記載請求書等保存方式」の適用期間中において，標準税率と軽減税率が混在する仕入れを行った場合には，適用税率ごとの取引対価が記載された請求書等を保存する必要があるが，消費税法上，記載要件を満たす請求書等の交付義務を売上側に課しているわけではない。あくまでも仕入側の保存義務のみである。そこで，必要な記載事項が不足する場合には，仕入側において

【図表1】請求書等の保存に関する制度の比較

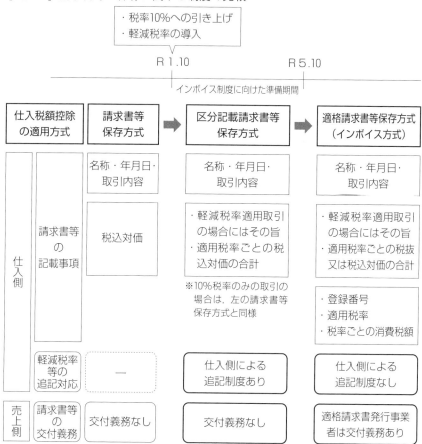

相手先に確認をしたうえで不足事項を追記することも認められている。

　これに対して，インボイス制度導入後は，適用税率や消費税額が記載されたインボイスの保存を仕入税額控除の適用要件とするとともに，インボイスを交付できる事業者を登録制とし，売上側にも交付義務を課すこととしている。したがって，交付を受けた請求書等がインボイスでない場合には，仕入側で記載内容に手を加えることはできず，原則として，仕入税額控除の適用ができないこととなる。

III　登録手続き

1　手続きの概要

　事業者がその取引においてインボイスを交付できるようになるためには，納税地の所轄税務署長に対して登録申請書を提出し，適格請求書発行事業者として登録を受ける必要がある。

　登録申請は令和3年10月1日から受付を開始しており，令和5年10月1日から適格請求書発行事業者として登録を受けるためには，原則として令和5年3月31日までに登録申請手続きを行う必要がある(注)。登録申請書を提出し，税務署における審査を経て，適格請求書発行事業者として登録された場合，登録番号等が記載された登録通知書が送付される。法定の公表事項（①適格請求書発行事業者の氏名又は名称，②（法人の場合）本店又は主たる事務所の所在地，③登録番号，④登録年月日，⑤取消・失効年月日）については，適格請求書発行事業者公表サイトにおいて公表される。なお，申請手続きはe-Taxで行うこともでき，e-Taxで登録申請を行う際に希望をすれば登録通知をデータで受け取ることも可能である。国税庁から公表された情報によれば，登録申請書の提出から登録通知までの期間は，e-Tax提出の場合約3週間，書面提出の場合約1か月半とされている（本書の執筆時点における情報であり，今後変わる可能性がある）。

(注)　令和5年度税制改正により令和5年9月30日までの申請についても特別な手続なく制度開始時の登録として取扱う措置が講じられる予定である（61頁参照）。

2 免税事業者が申請書を提出する場合の留意点

　登録申請書は初葉と次葉の2枚（国外事業者用は3枚）となっている。申請書の作成に当たり特に留意すべきは免税事業者の場合である。

　適格請求書発行事業者は課税事業者である必要があるため，基準期間等の判定により免税事業者となる事業者の場合には，原則として，課税事業者選択届出書を提出し，課税事業者となることを前提に登録申請をする必要がある。ただし，経過措置（平成28年改正法附則44④）の適用により，インボイス制度が開始する令和5年10月1日から令和11年9月30日までの間に適格請求書発行事業者の登録を受けようとする場合には，免税事業者であっても課税事業者選択届出書の提出を行うことなく登録申請書の提出のみで登録を受けることができる。当該経過措置の適用を受けた場合には，課税期間の中途であっても登録日から課税事業者となり，登録日から登録日の属する課税期間の末日までの取引について消費税の申告が必要となる。

　具体的な手続きとしては，登録申請書の次葉の「免税事業者の確認」という欄に当該経過措置の適用を受けるかどうかの選択欄があり，

【図表2】免税事業者である個人事業者がR5.10.1から適格請求書発行事業者になる場合
※個人事業者の課税期間は1月1日〜12月31日

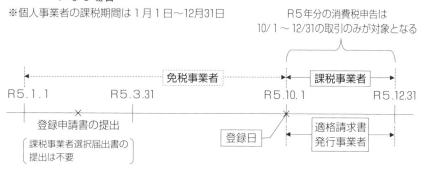

チェックボックスに✓印を付すことで適用可能となる。

　なお，令和4年度税制改正前までは，免税事業者である課税期間の中途において免税事業者のまま登録申請を行えるのは令和5年10月1日から登録事業者となるケースのみであったが，令和4年度税制改正によりインボイス制度開始後6年間は任意のタイミングで登録事業者となることができるようになった。当該改正により，インボイス制度開始の段階では登録を受けず，取引先との取引状況を確認しながら，必要と判断したタイミングで柔軟に登録を行うことができるようになる。

3　個人事業者の場合の留意点

　個人事業者の場合には，登録により以下の事項が公表される。

＜個人事業者の公表事項＞

■　**必ず公表される事項**
　・氏名　・登録番号　・登録年月日　・取消，失効年月日
■　**希望すれば公表される事項**
　・主たる屋号　・主たる事務所等の所在地
　・通称（外国人の場合）　・旧姓

　希望すれば公表される事項については，登録申請書とは別に，「適格請求書発行事業者の公表事項の公表（変更）申出書」を提出する必要がある。登録申請書の段階で，屋号等を書くことがないように留意する必要がある。この点については，国税庁から個別に注意喚起の案内がされており，誤りが多い論点と思われる。

　通称又は旧姓での公表は，通称又は旧姓が住民票に併記されている場合に限られ，申出書に併記されていることがわかる住民票の添付が必要

となる（e-Taxによって提出する場合は添付を省略することができる）。通称又は旧姓での公表に当たっては，「氏名に代えて公表する方法」と「氏名と併記して公表する方法」を選択することができる。

4 適格請求書発行事業者公表サイト

　国税庁のサイトとして「適格請求書発行事業者公表サイト」がオープンしている。当該サイトでは登録番号（T+13桁の数字）を入力することで，適格請求書発行事業者の公表事項を検索することができる。

　法人の登録番号は「T+法人番号」となるため，取引先が適格請求書発行事業者として登録されているかどうかは，取引先の名称又は所在地により法人番号を検索し，これを入力することで検索することができる。これに対して，個人は個人番号（マイナンバー）とは異なる番号が付されるため，（そもそもマイナンバーを検索することもできないが）サイト上の検索機能では個人の氏名から登録されているかどうかを確認することはできない。

　また，法人の公表事項についてはCSV等のデータでダウンロードすることが可能となっている。データは「全件データファイル」と「差分データファイル」があり，全件データファイルは，毎月1回，前月末時点のデータが公開されている。差分データファイルは日次で作成されるものであるが本書の執筆時点では当面の措置として公開が見合わせられている。

　個人についても「全件データファイル」が公開されているが，公開されている情報は登録番号と登録年月日のみであり，氏名等の情報は含まれていない（公開当初は氏名等を含めて公表されていたが，令和4年9月26日以降削除されている）。したがって，本サイトにおいて特定の個人が登録しているかどうかを氏名や住所の情報から検索することができない。そのため，事前に登録されているかどうかを確認する場合には，

本人に問い合わせを行うよりほかない。

 ## Ⅳ　インボイス制度導入に向けた今後の対応

　以上が，インボイス制度の概要と登録手続きに関する論点である。こ
れらの内容を踏まえ，インボイス制度導入に向け，今後どのような対応
をしていくべきかについて確認をする。

　消費税が発生する取引においては，必ず売手の立場と買手の立場があ
り，インボイス制度の対応が必要となる事業者はそれぞれいずれの立場
も持ち合わせている。したがって，インボイス制度導入に向けた今後の
検討においては，売手の立場と買手の立場で対応を分けて検討する必要
がある。

1　売手の立場で今後検討すべきこと

　売手の立場においてインボイス制度導入に向けた検討を行う場合の一
般的な検討プロセスは以下のとおりとなる。

【図表3】売手の立場の検討プロセスイメージ

(1) 適格請求書発行事業者として登録するかどうかの検討

　適格請求書発行事業者として登録するかどうかは任意であり，課税事業者であっても必ずしも登録する必要はない。したがって，まずは登録する場合のメリットとデメリットを踏まえて登録するかどうかを検討する必要がある。

＜適格請求書発行事業者として登録する場合のメリット・デメリット＞

■　メリット

　売上先が消費税の課税事業者である場合，売上先で仕入税額控除が適用できるため，売上先に取引上の不利益が生じない。結果として，インボイス制度の導入を要因とする取引排除や取引条件の見直し等が生じない

■　デメリット

・免税事業者の場合には課税事業者となる必要があるため，消費税の納税負担と申告作業等の事務負担が増加する

・インボイスの記載事項に合わせて請求書等のフォーマット修正が必要となる

・相手先から求められた場合，インボイスの交付義務が生じるため，口座振替などにより請求書等を交付していない場合には交付の対応が必要となる

・適格請求書等の保存義務が生じる

　以上のとおり，売手の立場において，適格請求書発行事業者となることのメリットは，取引の相手方においてメリットが生じることで取引が継続するという間接的なメリットのみであり，基本的には負担が増加す

る制度である。売手自身の納税義務や取引相手の状況等を考慮しながら，場合によっては慎重な検討が必要となる。

　適格請求書発行事業者となるかどうかについての一般的な対応は，消費税の納税義務に応じて，以下のとおりになるものと考えられる。

【図表4】適格請求書発行事業者として登録するかどうかの検討ポイント

	売手事業者の納税義務の区分	売上先の納税義務の区分	一般的な対応
①	課税事業者	主に課税事業者	事務負担等の増加を考慮しても適格請求書発行事業者として登録すべきと考えられる
②	課税事業者	主に一般消費者・免税事業者	売上先への影響が少ない場合には，課税事業者であっても必ずしも適格請求書発行事業者として登録する必要はない 営業取引以外の取引等も考慮し慎重に検討が必要
③	免税事業者	主に課税事業者	取引排除等のリスクと税負担・事務負担の増加等を考慮し慎重に検討が必要 売上先との取引条件交渉による対応も考えられる
④	免税事業者	主に一般消費者・免税事業者	適格請求書発行事業者として登録する必要性は低いと考えられる

　②については，例えば，小売店のように一般消費者に対する販売が中心の場合には検討が必要になるが，店頭販売のみであっても，法人や個人事業者が購入することも想定されるため安易には判断できない。また，例えばパチンコ店やゲームセンターなどの遊技場のように本業の売上げにおいては売上先で事業者の経費となることが想定されないような事業であっても，頻繁に遊技機の入替えを行い，事業者相手の販売が多額に生じるような場合もある。ただし，このようなケースにおいても相手方の事業者が古物営業を営む事業者（中古機器販売業者）である場合には，

売手側が適格請求書発行事業者でなくても，当該古物営業を営む事業者において仕入税額控除を適用できる取扱いがあるため，必ずしも登録が必須になるとは限らない。このように自身の事業内容だけでなく，取引先の状況なども考慮して慎重な判断が必要となる。

③については，昨今における働き方の多様化等の状況もあり，様々なケースが想定される。令和 5 年度税制改正により，免税事業者の登録を後押しする措置として税負担と事務負担を軽減する制度の導入が予定されている (注) ため，登録するかどうかの検討に当たっては，これらの改正を考慮して判断する必要がある。登録せず，取引先と交渉することで双方にとって不利益が少ない取引条件を検討する対応も考えられるが，取引先と簡単に交渉できるような環境にない事業者やそもそもインボイス制度の理解が進んでいない事業者も多数いると考えられ，今後，制度導入に向けた大きな課題となることが予想される。

(注)　令和 5 年度税制改正大綱の内容

■税負担軽減措置（令和 8 年 9 月30日までの経過措置）

　免税事業者であった事業者がインボイス制度導入を機に適格請求書発行事業者となる場合には，納付税額を課税標準額に対する消費税額の 2 割とすることができる。

■事務負担軽減措置（令和11年 9 月30日までの経過措置）

　基準期間における課税売上高が 1 億円以下又は特定期間における課税売上高が5,000万円以下の事業者は， 1 万円未満の課税仕入れについて帳簿の保存のみで仕入税額控除を適用できる（インボイスの保存を不要とする）。

(2)　様式変更等の検討

　適格請求書発行事業者になることを選択した事業者については，インボイス制度導入に向け，相手方に交付する請求書等の様式変更等の対応が必要となる。主に以下のような点についての対応が課題になると考えられる。

＜インボイス様式への変更対応等に関する課題＞

・請求書発行システムから交付されるものだけでなく，Wordや
　Excelなどにより個別のフォーマットを使用している場合には，そ
　れぞれにおいてインボイス様式への変更対応が必要となる。イン
　ボイス制度導入を機に，システムに一本化する対応も考えられる
・取引先に対し注文書，注文請書，請求書，領収書など複数の書類
　を交付している場合には，いずれをインボイスとするのかを決定
　し，取引先とのすり合わせが必要となる（全ての書類を修正する
　必要はなく，いずれかがインボイスに該当すればよい）。また，
　一の適格請求書につき，消費税の端数処理を1回とする論点があ
　るため，交付する各書類における金額の整合性を図る必要がある
・常時，請求書等の交付をしていない相手先については，どのよう
　にインボイスを交付するかを検討する必要がある

※　様式変更等の対応の詳細については，「第2章　売上側として発行す
　るインボイスと課税売上高の計算」を参照

2　買手の立場で今後検討すべきこと…主要な取引先への対応

　買手の立場においてインボイス制度導入に向けた検討を行う場合の検
討プロセスについては，取引を「課税事業者との取引」と「免税事業者
との取引」に区分して行うことが考えられる。なお，取引の相手方の消
費税の納税義務を正確に確認することはできないため，推測によらざる
を得ない。

(1) 課税事業者(適格請求書発行事業者になると予想される事業者)との取引

【図表5】検討プロセスイメージ

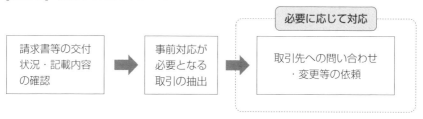

　まずは課税事業者との取引についての検討である。基本的には，請求書等の様式変更など，インボイスの要件を満たすための検討は売手側で行うべきであり，買手側で検討を行う必要はないと考えられるが，特殊な取引がある場合には，制度導入後に混乱が生じることのないように，取引先との間で事前にすり合わせを行っておくことが望ましい。

　例えば，以下のようなケースは軽微な様式修正では対応できない可能性があるため，取引先が適切に対応する予定かどうかを確認しておく必要がある。

<相手先の対応を事前に確認しておきたいケース>

・請求書の記載内容に通常の請求のほか立替払いの請求が記載されている場合
・請求書内における消費税の端数処理が複数行われている場合
・口座振替などにより請求書等の発行が行われていない場合

※　対応の詳細については「第3章　仕入側として受領するインボイスと仕入税額控除」を参照

　また，上述のとおり，課税事業者であっても適格請求書発行事業者として登録するとは限らないため，必要に応じて適格請求書発行事業者になる予定かどうかの問い合わせを行うことも考えられる。

(2)　免税事業者（と推測される事業者）との取引

【図表6】検討プロセスイメージ

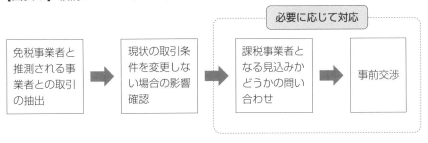

　続いて免税事業者と推測される事業者との取引についての検討である。1の表中の③に関して記述した内容のとおり，このパターンの取引が今後の実務において最も対応が難しい課題になると予想される。

　現状のまま，消費税相当を含む対価の額を変更せずに取引を継続すれば，仕入税額控除を適用できないことによる負担は，全て買手側の負担となる。免税事業者との取引が多い事業者にとっては大きな影響となる可能性がある（ただし，インボイス制度開始後3年間は消費税相当額の80％，その後の3年間は消費税相当額の50％を仕入税額控除の対象とすることができる経過措置が設けられているため，段階的な負担増となる）。

　対応方法としては，「相手方に適格請求書発行事業者として登録をしてもらう」「対価の減額交渉をして負担を軽減する」「取引をやめる（適格請求書発行事業者である新たな取引先と取引をする）」のいずれかとなる。もちろん，検討の結果，「買手側で全て負担する」という対応も考えられる。

　いずれにせよ，内容としては取引条件の検討であり，税法の問題では

なく事業上の判断へと論点が移ることとなる。これらの検討を進めていく上では以下のような課題が生じる可能性がある。

<免税事業者との取引への対応に関する課題>

・相手先において必ずしもインボイス制度の理解が進んでいるとは限らず，適切な交渉を行うことができない可能性がある

・インボイス制度に関して買手側の社内周知が進まないと，相手先への交渉にも至らない可能性がある

・仕入税額控除が適用できないことによる負担増を回避するため，取引先に対価の値引き（消費税相当分の減額）を要請する場合には，独占禁止法や下請法違反になる可能性がある

・他に代替先がない取引の場合，買手側で全て負担せざるを得ない状況となる可能性がある

※　免税事業者との取引への対応の詳細については「第4章　主要な取引先に免税事業者がある場合の具体的な対応」を参照

　仕入税額控除という消費税の計算の仕組みは，普段消費税の実務に接していない方からすると，簡単な説明で理解できるような内容ではないと思われる。したがって，相手先との交渉が思うように進まない可能性もあり，場合によっては下請先などに対して制度理解のための指導的な役割を担わざるを得ないケースが生じることも考えられる。このようなことを考えると制度導入までの残りの期間は決して長い期間ではない。早めに自身の事業への影響を確認し，対応を進めることが望ましい。

3　買手の立場で今後検討すべきこと
…経費精算実務や経理実務への対応

　インボイス制度導入後は，インボイスの保存のない限り仕入税額控除を適用できなくなるため，請求書等がインボイスであるかどうかを判断する必要が生じる。

　例えば，従業員の経費精算のように日々生じる経費については，経理部門で全てを判断することが現実的でないケースも想定される。各従業員が領収書等に登録番号の記載があるかどうかを確認し，経費精算システムにインボイスに該当するかどうかを入力するような精算フローを検討するなどの対応が必要となる。最終的には，経理実務，申告実務に影響する論点であるため，インボイス制度導入後に混乱が生じることのないように，早めに点検を行っておきたい。

第2章

売上側として発行する
インボイスと課税売上高の計算

インボイス制度では，仕入税額控除の適用を受けるために適格請求書発行事業者から交付を受けた適格請求書等（いわゆるインボイス）の保存が必要となる。本章では，自社が適格請求書発行事業者となった場合の義務や適格請求書等の様式，売上税額の計算について解説する。

I　適格請求書発行事業者の義務等

1　適格請求書等の交付・保存義務

　適格請求書発行事業者は，取引の相手方である課税事業者から求められた場合，適格請求書，適格簡易請求書（以下，「適格請求書等」という）を交付（電磁的記録による提供も可能）し，併せて「交付した適格請求書等の写し」を保存する必要がある（新消法57の4①⑥，新消令70の13）。保存期間は，交付した日の属する課税期間末日の翌日から2月を経過した日から7年間である。なお，適格請求書発行事業者以外の者が適格請求書と誤認される恐れのある書類を交付すると1年以下の懲役又は50万円以下の罰金が科される（新消法65①四）。

　「交付した適格請求書等の写し」には，交付した書類自体を複写したもの以外にも，レジのジャーナル，一覧表や明細表など交付した適格請求書等の記載事項が確認できる程度の内容のものも含まれる（「インボイスQ&A」（令和4年11月改訂版）問68）。

　ところで，適格請求書発行事業者になるためには税務署長の登録を受ける必要があり，その登録は適格請求書発行事業者登録簿に登載された日（登録日）からその効力が生じる。適格請求書発行業者は登録日以後に行った資産の譲渡等について適格請求書を交付することとなるが，登録の通知を受けて初めて適格請求書発行事業者登録簿に登録されたこと

を知る事業者も相当数発生すると考えられることから，登録日から登録の通知を受けた日までの間に行った課税資産の譲渡等については，通知を受けた日以後に取引の相手方に登録番号等を書面等で通知することによって適格請求書の記載事項を満たすことができることとされている（インボイス通達2-4）。

2　適格請求書等の交付義務の免除

　上記のとおり，適格請求書発行事業者は取引の相手方の求めに応じて適格請求書等を交付する義務を負うが，以下のケースは事業の性質上適格請求書を交付することが困難であると考えられるため適格請求書の交付義務が免除される（新消令70の9②）。

【図表7】適格請求書の交付が免除される事業

No.	免除される事業
①	運賃3万円未満（税込）の公共交通機関（船舶，バス，鉄道）による旅客の運送
②	出荷者等が卸売市場において卸売業者を通じて行う生鮮食料品等のせり売等による販売
③	生産者が卸売市場において農業協同組合等を通じて行う農林水産物のせり売等による販売（無条件委託方式かつ共同計算方式で生産者を特定しないものに限る）
④	自動販売機及び自動サービス機による商品の販売等のうち3万円未満（税込）のもの
⑤	郵便切手類のみを対価とする郵便等（郵便ポストに差し出されたものに限る）

【図表7】の④については，例えば，飲食料品の自動販売機のほか，コインロッカーやコインランドリー等，その機械装置のみによって商品の販売等が完結するものが該当する。小売店内に設置されたセルフレジなどのように単に代金の精算のみを行うものや，コインパーキングのように代金の受領・発券は機械が自動的に行うがサービスは別途提供されるようなものは該当しない（インボイス通達3－11）。コインパーキングについては，不特定多数に対する駐車場業に該当するため適格簡易請求書を交付することができる。

なお，取引が免税取引，非課税取引及び不課税取引のみである場合は，適格請求書の交付義務は生じない（インボイスQ&A問23）。

3 売上げに係る対価の返還（返品，値引き等）を行う場合

適格請求書発行事業者は，返品や値引き等の売上げに係る対価の返還を行う場合，その対価の返還を受ける課税事業者に対して一定事項（適格請求書発行事業者の氏名又は名称，登録番号，対価の返還を行う日など）を記載した適格返還請求書を交付し，適格請求書等と同様にその写しを保存する必要がある。なお，適格請求書の交付義務が免除されている場合には適格返還請求書の交付義務も同様に免除される（新消令70の9③）。

4 交付した適格請求書等に誤りがあった場合

適格請求書発行事業者は，発行した適格請求書，適格簡易請求書，適格返還請求書に誤りがあった場合，原則としてこれらの書類を交付した課税事業者に対して修正した適格請求書等を交付する義務を負う（新消法57の4④⑤）。

この場合の対応方法としては，以下が考えられる（インボイスQ&A

問30)。

① 誤りがあった事項を修正し，改めて記載事項の全てを記載した
ものを交付する方法
② 当初に交付したものとの関連性を明らかにし，修正した事項を
明示したものを交付する方法

【図表8】適格請求書等に誤りがあった場合の対応イメージ

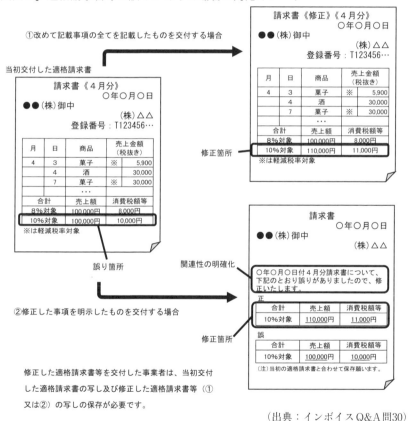

（出典：インボイスQ&A問30)

II 適格請求書等の様式

　ここからは，適格請求書等の様式について解説していく。適格請求書等は売手が買手に対して正確な税率や消費税額を伝えるための手段であるから，必要事項さえ記載されていればその名称等は問われない（インボイス通達 3 − 1 ）。

　様式は法令や通達等で定められていないため，手書きであっても必要事項の記載があれば適格請求書に該当する。また，1 つの書類に全ての必要事項を記載するのではなく，例えば，納品書と請求書のような 2 つ以上の書類であっても，これらの書類の相互の関連が明確で，適格請求書等を交付された事業者がその内容を正確に認識できる場合には，これら複数の書類全体で適格請求書の記載事項を満たすことになる。

　統一されたシステムではなく，Excel 等を使用して各担当者が請求書を発行するようなケースもそれなりにあると考えられる。必要記載事項を正確に，漏らさず記載できるような仕組み（改変できないようセルにロックを掛ける，必要事項が記載されているかの様式チェックを入れるなど）を事前に準備することが望ましい。

1　適格請求書

■　適格請求書の記載事項

　適格請求書の記載事項は【図表 9 】のとおりである。

　⑤「税率ごとに区分した消費税額等」の計算時に 1 円未満の端数が生じる場合，1 つの適格請求書につき，税率ごとに 1 回の端数処理を行う。逆にいえば，1 つの適格請求書について，商品ごとに複数回の端数処理

を行うようなことは認められない（新消法57の4①，新消令70の10，イ
ンボイス通達3－12）。1商品ごとに端数処理をしているようなケース
においては，インボイス制度への移行後の端数処理をどうするかの検討
が必要である。

【図表9】適格請求書の記載事項（新消法57の4①）

No.	記載事項（太字は，区分記載請求書に追加される記載事項）
①	適格請求書発行事業者の氏名又は名称及び**登録番号**
②	課税資産の譲渡等を行った年月日
③	課税資産の譲渡等に係る資産又は役務の内容（軽減対象課税資産の譲渡等である場合には，資産の内容及び軽減対象課税資産の譲渡等である旨）
④	課税資産の譲渡等に係る税抜価額又は税込価額を税率ごとに区分して合計した金額及び**適用税率**
⑤	**税率ごとに計算した消費税額等**
⑥	交付を受ける事業者の氏名又は名称

【図表10】のとおり，記載事項④には適用税率を記載する必要がある。
現状10％の取引しかない場合，税率10％と記載していない請求書を使用
しているケースも多いと思われるが，インボイス制度導入後は10％と明
記する様式に変更が必要である。なお，⑤の記載項目に関して、10％
の取引しかない場合には8％の消費税額等（例えば、「8％対象0円（消
費税0円）」）を記載する必要はない。

【図表10】適格請求書の記載例

① 適格請求書発行事業者の氏名又は名称及び登録番号

② 取引年月日

③ 取引内容（軽減税率の対象品目である旨）

④ 税率ごとに区分して合計した対価の額（税抜又は税込）及び適用税率

⑤ 税率ごとに区分した消費税額等

⑥ 書類の交付を受ける事業者の氏名又は名称

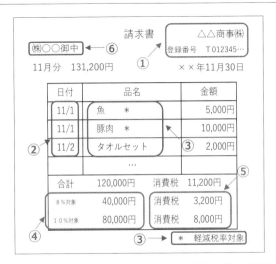

・上記①～⑥の下線部は，現行の区分記載請求書に追加される事項である。

・「⑤　税率ごとに区分した消費税額等」（上図右下の3,200円，8,000円の部分）の計算時に１円未満の端数が生じる場合，１つの適格請求書につき，税率ごとに１回の端数処理を行う。

・商品ごとに端数処理を行うことはできない。

（国税庁：「適格請求書等保存方式の概要」の図を基に作成）

2 適格簡易請求書

⑴ 適格簡易請求書を交付できるケース

　下表①～⑦の事業を行う場合には，適格請求書に代えて，記載事項が簡略化された適格簡易請求書を交付することができる（新消法57の4⑤）。

　適格簡易請求書を交付することができる事業は以下の7種類である。

　ところで，①～⑤の事業には，「不特定多数」の限定はない。したがって，これらの事業については，その取引形態に関わらず適格簡易請求書を交付することができる。

【図表11】適格簡易請求書の交付が認められる事業（新消令70の11）

No.	適格簡易請求書の交付が認められる事業
①	小売業
②	飲食店業
③	写真業
④	旅行業
⑤	タクシー業
⑥	駐車場業（不特定多数に対して駐車場を提供するものに限る）
⑦	上記に準ずる事業で不特定多数に資産の譲渡等を行う事業

　適格簡易請求書は，あくまでも「できる」規定なので，上記の7つの事業に該当したとしても，システムの都合等で適格請求書を発行する方が効率的であるような場合（そのような状況はあまり多くはないと考えられるが）には，適格簡易請求書ではなく適格請求書を発行して問題はない。

(2) 適格簡易請求書の記載事項

適格簡易請求書の記載事項は以下のとおりである。適格請求書の記載事項⑤「税率ごとに計算した消費税額等」を適用税率のみの記載とすることができるようになり、⑥の記載が不要となっている。記載事項⑤に適用税率のみ記載している場合、後述する売上税額の「積上げ計算」はできない点に留意が必要である。端数処理は、適格請求書と同様である（1つの適格請求書につき、税率ごとに1回の端数処理を行う）。

【図表12】適格簡易請求書の記載事項（新消法57の4②）

No.	記載事項（太字は、区分記載請求書に追加される記載事項）
①	適格請求書発行事業者の氏名又は名称及び**登録番号**
②	課税資産の譲渡等を行った年月日
③	課税資産の譲渡等に係る資産又は役務の内容（軽減対象課税資産の譲渡等である場合には、資産の内容及び軽減対象課税資産の譲渡等である旨）
④	課税資産の譲渡等に係る税抜価額又は税込価額を税率ごとに区分して合計した金額及び**適用税率**
⑤	税率ごとに区分した消費税額等又は**適用税率**

【図表13】適格簡易請求書の記載例

① 適格請求書発行事業者の氏名又は名称及び<u>登録番号</u>

② 取引年月日

③ 取引内容（軽減税率の対象品目である旨）

④ 税率ごとに区分して合計した対価の額（税抜又は税込）

⑤ 税率ごとに区分した消費税額等※又は適用税率

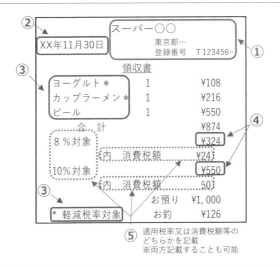

・上記①～⑤の下線部は，現行の区分記載請求書に追加される事項である。

・「⑤　税率ごとに区分した消費税額等」（左図右下の24円，50円の部分）の計算時に1円未満の端数が生じる場合，<u>1つの適格請求書につき，税率ごとに1回の端数処理を行う</u>。

・商品ごとに端数処理を行うことはできない。

・⑤に適用税率のみ記載している場合，後述する売上税額の「積上げ計算」はできない。

（国税庁：「適格請求書等保存方式の概要」の図を基に作成）

(3)　税込の商品と税抜の商品が混在する場合

　スーパーマーケット等の小売業においては，税込の商品と税抜の商品が混在することも考えられる。前述したように，端数処理は1つの適格請求書，適格簡易請求書につき税率ごとに1回であるため，このようなケースにおいては，以下の手順で処理を行う必要がある（インボイスQ&A問50）。

> ①　記載事項④の「課税資産の譲渡等に係る税抜価額又は税込価額を税率ごとに区分して合計した金額」を税込か税抜のいずれかに統一して記載
> ②　上記統一した金額に基づいて記載事項⑤の「税率ごとに区分した消費税額等」を記載

　上記①の「課税資産の譲渡等に係る税抜価額又は税込価額を税率ごとに区分して合計した金額」を税込か税抜のいずれかに統一する際の端数処理は「税率ごとに区分した消費税額等」を計算する際の端数処理ではないため，事業者の任意の方法で端数処理できる。

3　適格返還請求書

　適格返還請求書の記載事項，記載例は以下のとおりである。端数処理については，適格請求書，適格簡易請求書と同様に端数処理できるのは，1つの適格請求書につき，税率ごとに1回である。

【図表14】適格返還請求書の記載事項（新消法57の4③）

No.	記載事項
①	適格請求書発行事業者の氏名又は名称及び登録番号
②	売上げに係る対価の返還等を行う年月日及び売上げに係る対価の返還等の原因となる課税資産の譲渡等を行った年月日
③	売上げに係る対価の返還等の原因となる課税資産の譲渡等に係る資産又は役務の内容（軽減対象課税資産の譲渡等である場合には，資産の内容及び軽減対象課税資産の譲渡等である旨）
④	売上げに係る対価の返還等に係る税抜価額又は税込価額を税率ごとに区分した金額
⑤	売上げに係る対価の返還等の金額に係る消費税額等又は適用税率

【図表15】適格返還請求書の記載例

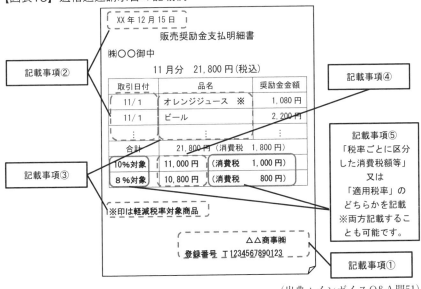

（出典：インボイスQ&A問51）

　記載事項②の「売上げに係る対価の返還等の原因となる課税資産の譲渡等を行った年月日」については，課税期間の範囲内で一定の期間の記

載で差し支えないとされており，例えば，月単位や「○月〜△月分」といった記載も認められることとなる（インボイスQ&A問52）。

　また，売上げに係る対価の返還等と課税資産の譲渡等が同時に発生することも想定されるが，この場合，適格返還請求書の記載事項と適格請求書の記載事項を1枚の書類に記載することで交付義務を満たすことも可能である（インボイス通達3－16）。

 ## Ⅲ　消費税の計算方法

　適格請求書保存方式における消費税の計算方法は，以下のとおりである。

> 消費税額
> ＝課税売上に係る消費税額（注）（売上税額）
> 　－課税仕入等に係る消費税額（注）（仕入税額）
> （注）　消費税は税率ごとに区分して計算

　売上税額から仕入税額を控除する現行の消費税額の計算方法は，適格請求書保存方式においても同様である。

　適格請求書保存方式における売上税額の計算方法には，割戻し計算と積上げ計算の2つの方法が認められている（新消法45①⑤）。取引先ごとに割戻し計算と積上げ計算を分けて適用するなど，割戻し計算と積上げ計算の併用も認められている。

【図表16】売上税額の計算方法

No.	区分	内容
1	割戻し計算	課税期間中の課税資産の譲渡等の税込金額の合計額に100/110（軽減税率の場合は100/108）を乗じて計算した課税標準額に7.8%（軽減税率の場合は6.24%）を乗じて計算
2	積上げ計算	交付した適格請求書等に記載した税率ごとの消費税額等の合計額に78/100を乗じて計算する。 交付した適格請求書，適格簡易請求書の写しを保存している場合に選択できる

(注)　適格簡易請求書の記載事項のうち「適用税率又は税率ごとに区分した消費税額等」の部分を，「適用税率」のみを記載して交付する場合，税率ごとの消費税額等の記載がないため，積上げ計算を行うことはできない。

1　割戻し計算（原則的な方法）

　税率ごとに区分した課税期間中の課税資産の譲渡等の税込価額の合計額に，100/110（軽減税率の場合は100/108）を乗じて計算した税率ごとの課税標準額に7.8%（軽減税率の場合は6.24%）を乗じて売上税額を算定する。

【図表17】割戻し計算のイメージ

①　軽減税率の対象となる売上税額

② 標準税率の対象となる売上税額

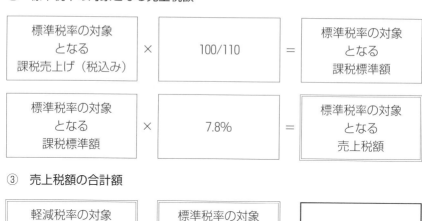

③ 売上税額の合計額

（出典：インボイス Q&A 問100）

2 積上げ計算

　交付した適格請求書，適格簡易請求書の写し（電磁的記録により提供したものも含む）を保存している場合，交付した適格請求書等に記載した「税率ごとの消費税額等」の合計額に78/100を乗じて売上税額を計算することができる。

　なお，売上税額を積上げ計算した場合（併用している場合も含む），仕入税額も積上げ計算しなければならない。

【図表18】積上げ計算のイメージ

（出典：インボイス Q&A 問100）

　適格簡易請求書の記載事項⑤「『適用税率』又は『税率ごとに区分した消費税額等』」の部分を，『適用税率』のみ記載して交付している場合は，『税率ごとの消費税額等』の記載がないため積上げ計算を行うことはできない。

　スーパーマーケット等の小売業においては，顧客がレシート（適格簡易請求書の要件をみたしているものとする）を受け取らないようなケースも考えられる。このような「物理的な交付ができないケース」や「交付を求められたとき以外レシートを出力していないケース」においても，その適格簡易請求書の写しを保存していれば「交付した適格請求書等の写しを保存」があるものとして積上げ計算を行って問題ない（インボイスQ&A問102）。

　また，請求書の締め日を20日としているような場合，3月決算法人が3月21日から4月20日までの売上げを請求するような，課税期間をまたいだ適格請求書を発行するケースも考えられる。このような場合，適格請求書に翌課税期間の「税率ごとの消費税額等」も記載されているため積上げ計算することはできない。このようなケースで積上げ計算をする場合には，「税率ごとの消費税額等」を「3月21日から3月31日」と「4月1日から4月20日」に区分して記載する等の対応が必要になる。

　ところで，上記のケースにおいて法人税基本通達2－6－1（決算締切日）の規定により決算締切日を3月20日としており，消費税についても同様の取扱いをしているような場合（消費税基本通達9－6－2）には，課税期間の区分は不要である。

第**3**章

仕入側として受領する インボイスと仕入税額控除

以下ではこのインボイス制度における仕入側の事業者の立場から，仕入税額控除の取扱い，仕入側の事業者に求められる実務対応，経理処理及び税額計算について解説する。

　なお，本章では主として課税事業者からの仕入れを前提とした仕入側の事業者の論点について解説をすることとし，免税事業者からの仕入れにおける論点は，第4章を参照のこと。

I　インボイス制度における仕入税額控除

1　適用要件

　インボイス制度においては一定の事項が記載された帳簿及び請求書等の保存が仕入税額控除の要件とされる（新消法30⑦）。

　仕入税額控除の要件として帳簿及び請求書等の「保存」が必要な点は，従来からの区分記載請求書等保存方式と同様であるが，主な改正点としては保存すべき請求書等が，区分記載請求書等から適格請求書等へ変更される点にある。したがって，免税事業者，一般消費者，適格請求書発行事業者以外の者から仕入れを行った場合には，適格請求書等の交付を受けることができず，その保存要件を満たせないことから，原則として仕入税額控除の適用を受けることはできない（一定期間は経過措置あり）。

【図表19】適用要件の比較

保存すべきもの	～令和5年9月30日 区分記載請求書等保存方式	令和5年10月1日～ インボイス制度
帳簿	一定の事項が記載された帳簿の保存	左記と同様（変更なし）
請求書等	区分記載請求書等の保存	適格請求書等の保存

　なお，適格請求書等の保存は，消費税額の計算を原則制度に基づき計算する場合の適用要件であり，簡易課税制度により消費税額の計算をする場合には，仕入税額控除の適用要件とはならない。

2　保存すべき請求書等の範囲

(1)　概　　要

　仕入税額控除の要件である保存すべき請求書等とは，以下の書類等をいう（新消法30⑨）。

---

① 　適格請求書発行事業者から交付を受ける適格請求書又は適格簡易請求書

② 　仕入側の買手が作成する仕入明細書，仕入計算書その他の書類（適格請求書の記載事項が記載され，相手方の確認を受けたもの）

③ 　次の取引について，媒介又は取次に係る業務を行う者が作成する一定の書類
　・卸売市場において出荷者から委託を受けて卸売の業務として行われる生鮮食料品等の譲渡
　・農業協同組合等が生産者から委託を受けて行う農林水産物の譲渡

④ 　①から③の書類の記載事項に係る電磁的記録

---

(2)　仕入側の事業者の留意点

　仕入側の事業者にとっては，通常売手に対して適格請求書又は適格簡易請求書の交付を求めることなる（(1)①）。仮に交付を受けた適格請求書又は適格簡易請求書の記載事項に誤りがあった場合には，売手に対し

てその修正を求め，修正後の適格請求書又は適格簡易請求書を保存することになる。

　一方で，売手から適格請求書又は適格簡易請求書の交付がない場合において，仕入側において適格請求書の記載事項が記載された仕入明細書等を作成し，売手である相手方の確認を受けたときは，その仕入明細書等が保存すべき請求書等に該当する（(1)②）。

　したがって，売手の作成した適格請求書又は適格簡易請求書に誤りがあった場合には，当該請求書を仕入側において追記や修正を行うことはできないが，仕入側においてその誤りを修正した仕入明細書等を作成し，売手の確認を受けるという対応は可能となる。

　これらの場合における仕入明細書等の作成にあたっては以下の点に留意する（新消法30⑨三，新消令49④）。

【図表20】インボイス制度における仕入明細書の記載事項

①　書類の作成者の氏名又は名称
②　課税仕入れの相手方の氏名又は名称及び**登録番号**
③　課税仕入れを行った年月日
④　課税仕入れに係る資産又は役務の内容（課税仕入れが他の者から受けた軽減対象資産の譲渡等に係るものである場合には，資産の内容及び軽減対象資産の譲渡等に係るものである旨）
⑤　税率ごとに合計した課税仕入れに係る支払対価の額及び**適用税率**
⑥　**税率ごとに区分した消費税額等**
（注）　部分が区分記載請求書等保存方式から追加された項目である

(3)　相手方の確認方法

　仕入税額控除の適用を受けるための請求書等に該当する仕入明細書等は，相手方の確認を受けたものに限られるが，この相手方の確認方法としては，例えば仕入明細書等に「送付後一定期間内に誤りのある旨の連

【図表21】インボイス制度における仕入明細書の具体例

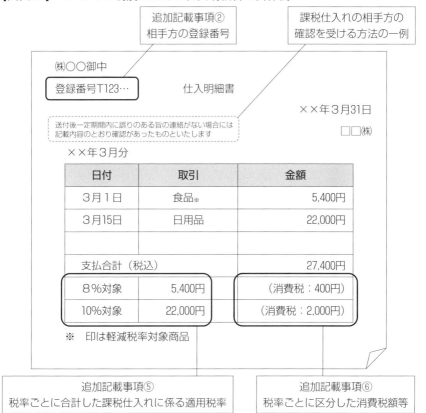

絡がない場合には記載内容のとおり確認があったものとする」旨の通知
文書等を添付する方法のほか，以下の方法により相手方に送付等し，了
承を得る（インボイス通達４−６）。

- 　仕入明細書等に相手方の確認の事実を明らかにするものとして
署名等を受ける
- 　仕入明細書等を電子メールで送信し，相手方より確認をした旨
の返信を受ける

・　受発注に係るオンラインシステムで相手方の確認を受ける機能
を設ける

3　保存すべき帳簿の記載事項

インボイス制度においても保存すべき帳簿の記載事項については以下
のとおりであり，区分記載請求書等保存方式の下での帳簿の記載事項と
同様であり，変更はない（新消法30⑧一）。

① 　課税仕入れの相手方の氏名又は名称
② 　課税仕入れを行った年月日
③ 　課税仕入れに係る資産又は役務の内容（課税仕入れが他の者か
ら受けた軽減対象資産の譲渡等に係るものである場合には，資産
の内容及び軽減対象資産の譲渡等に係るものである旨）
④ 　課税仕入れに係る支払対価の額

4　帳簿のみの保存で仕入税額控除が認められる場合

(1)　概　　要

インボイス制度では上述のとおり，帳簿及び請求書等の保存が仕入税
額控除の要件とされているが，適格請求書等の交付が困難である等の理
由により，その交付義務が課されていない以下の取引については，仕入
側の事業者において一定の事項を記載した帳簿のみの保存で仕入税額控
除の適用が認められる（新消令49①，新消規15の4）。

(a)　適格請求書の交付義務が免除される３万円未満の公共交通機関
による旅客の運送

(b)　入場券等のうち適格簡易請求書の記載事項（取引年月日を除
く）が記載されているものが，その使用の際に回収される取引
（上記(a)に該当するものを除く）

(c)　適格請求書発行事業者でない者から取得等する以下の資産に係
る取引（その取得した資産が棚卸資産に該当する場合に限る）

　　　　イ：古物営業を営む者が購入する古物

　　　　ロ：質屋を営む者が取得する質物

　　　　ハ：宅地建物取引業を営む者が購入する建物

　　　　ニ：再生資源卸売業その他不特定かつ多数の者から再生資源等
に係る課税仕入れを行う事業を営む者が取得する再生資源
及び再生部品

(d)　適格請求書の交付義務が免除される３万円未満の自動販売機及
び自動サービス機からの商品の購入等

(e)　適格請求書の交付義務が免除される郵便切手類のみを対価とす
る郵便・貨物サービス（郵便ポストに差し出されたものに限る）

(f)　従業員等に支給する通常必要と認められる出張旅費等（出張旅
費，宿泊費，日当及び通勤手当）

　区分記載請求書等保存方式においては「３万円未満の課税仕入れ」及
び「請求書等の交付を受けなかったことにつきやむを得ない理由がある
とき」は，一定の事項を記載した帳簿の保存のみで仕入税額控除が認め
られる旨が規定されているが，インボイス制度においてはこれらの規定
は廃止され，上記(a)から(f)の取引に該当する場合に限り，帳簿のみの保
存で仕入税額控除が認められる。

　したがって，区分記載請求書等保存方式において帳簿のみの保存によ

り仕入税額控除を適用している取引について，上記(a)から(f)の取引に該当するか，該当しない場合には取引先から適格請求書等の交付を受けることが可能かどうかを確認する必要がある。

(2) 帳簿のみの保存で仕入税額控除が認められる場合の帳簿への一定の記載事項

上記(1)における一定の事項を記載した帳簿とは，上記3の記載事項に加え，以下の事項の記載が必要となる。

- ・ 帳簿のみの保存で仕入税額控除が認められるいずれかの仕入れ（上記(a)から(f)）に該当する旨
- ・ 仕入れの相手方の住所又は所在地（一定の者を除く(注)）

(注) 一定の者とは以下の者をいう（インボイス通達4-7）。
- ・ 上記(a)の旅客の運送に係る役務の提供を受けた場合の当該役務の提供を行った者
- ・ 上記(c)イからニの課税仕入れ（イからハに係る課税仕入れについては，古物営業法，質屋営業法又は宅地建物取引業法により，業務に関する帳簿等へ相手方の氏名及び住所を記載することとされているもの以外のものに限り，ニに係る課税仕入れについては，事業者以外の者から受けるものに限る）を行った場合の当該課税仕入れの相手方
- ・ 上記(e)の郵便・貨物サービスに係る役務の提供を受けた場合の当該役務の提供を行った者
- ・ 上記(f)の課税仕入れに該当する出張旅費等（出張旅費，宿泊費，日当及び通勤手当）を支払った場合の当該出張旅費等を受領した使用人等

具体例として，例えば従業員に対して出張旅費等を支給した場合（上記(f)）の帳簿への記載事項としては，以下の記載方法が考えられる。

【図表22】

年月日	借方	貸方	摘要
××/3/31	旅費　1万円	現金　1万円	従業員に支給する出張旅費 （注）　出張旅費等特例適用

　以上が本執筆時点（2022年12月）の法令上の規定に係る取扱いであるが，令和5年度税制改正大綱によれば，一定の事業者（注）の課税仕入れに係る支払対価の額が税込1万円未満の取引については，6年間（2023年10月1日から2029年9月30日まで）の経過措置として，適格請求書等の保存を不要とし，一定の事項が記載された帳簿のみの保存で仕入税額控除を認めることとされているため，今後の法令改正に留意する必要がある。

（注）　一定の事業者とは以下のいずれかに該当する事業者をいう。
- 基準期間における課税売上高が1億円以下の事業者
- 特定期間における課税売上高が5,000万円以下の事業者

II　実務上の対応が必要なケース

　以下では仕入側の事業者において仕入税額控除の適用にあたり，実務上の対応が必要となるケースを検討する。

1　取引先が立替払いを行うケース

(1)　具　体　例

　取引先（B社）が立替払いを行った場合，仕入側（A社）においては取引先（B社）宛に発行された適格請求書及びその適格請求書が仕入側

（A社）のものであることを明らかにした立替金精算書等の交付を受け，これを保存することで仕入先（C社）からの課税仕入れに係る請求書等の保存要件を満たすことになる（インボイス通達4－2）。

　なお，この場合において立替払いを行う取引先（B社）が適格請求書発行事業者であるかどうかにかかわらず，仕入側（A社）は仕入税額控除が適用できる。

【図表23】

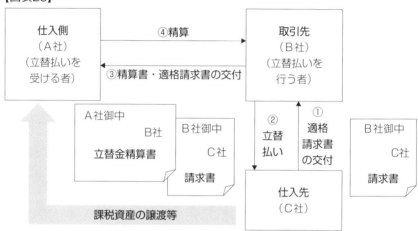

(2)　仕入側の事業者において対応すべき事項

　仕入側（A社）においては仕入先（C社）から取引先（B社）宛に交付された適格請求書のみをそのまま受領したとしても仕入税額控除の適用要件を満たさないため，立替払いの精算を行うにあたり，取引先（B社）に対して仕入先（C社）の適格請求書が仕入側（A社）のものである旨を明らかにした立替金精算書等の交付を依頼する必要がある。

2　口座振替・口座振込による支払いがあるケース

(1)　具　体　例

　借主であるA社が事務所家賃の支払いにあたり，貸主であるB社から請求書の交付を受けることなく，口座振替による支払いを行った場合において，保存すべき請求書等に係る記載事項は一の書類だけで全てを網羅する必要はなく，複数の書類によって満たすことも認められているため，適格請求書の記載事項の一部が記載された契約書とともに，実際に取引を行った事実を客観的に示す書類としての通帳及びその他の書類を併せて保存することで，B社からの課税仕入れに係る請求書等の保存要件を満たすことになる。

【図表24】

　また，口座振込により支払いを行う場合にも，適格請求書の記載事項の一部が記載された契約書とともに，銀行が発行した振込金受取書等を保存することにより，仕入税額控除に係る請求書等の保存要件を満たすことになる。

(2)　仕入側の事業者において対応すべき事項

　仕入側である借主A社においては従来より貸主B社から請求書の交付を受けていない場合であっても，インボイス制度の開始を契機に，適格

請求書の交付を受けてこれを保存することが原則的な対応となる。この場合，適格請求書は一定期間の取引をまとめて交付することもできるため，貸主B社へ連絡し請求書の発行のタイミングについて相談すべきである。

このような対応が困難な場合には上記(1)のように，仕入側のA社の手許にある複数の書類によって適格請求書の記載事項を満たすか否かの確認をすることになる。なお，令和5年9月30日以前に締結した（建物賃貸借）契約書には貸主であるB社の登録番号等は記載されていないと考えられることから，別途で登録番号等の通知を受け，これを保存する必要がある。

また，取引の中途で貸主であるB社が適格請求書発行事業者でなくなる場合も想定され，その旨の連絡がない場合には，仕入側であるA社においてはその事実の把握が困難となる。したがって，国税庁HP「適格請求書発行事業者公表サイト」（令和3年10月運用開始）でB社が課税期間を通じて適格請求書発行事業者であるか否かを確認する必要がある。

3　振込手数料を売手負担とするケース

(1)　具　体　例

インボイス制度のもとで仕入側（A社）が売上側（B社）へ取引に係る対価を支払う場合において，振込手数料を売上側（B社）の負担としたときの取扱いは，以下のとおりである。

【図表25】

取扱い	仕入側 （A社）	売上側 （B社）
売上側（B社）の課税仕入れとする場合 (注2)	以下の書類をB社へ交付(注1) ①金融機関から受領した振込サービスに係る適格請求書 ②立替金精算書（金融機関の名称等が記載されたもの）	A社より左記①及び②の交付 (注1) を受け，これを保存することで，振込手数料（課税仕入れ）について仕入税額控除を適用
売上値引き（仕入値引き）(注3) とする場合	本執筆時点（2022年12月）の法令上の規定に係る取扱いは，B社からA社に対して適格返還請求書を交付することとされているが，令和5年度税制改正大綱によれば，売上げに係る対価の返還等に係る税込価額が1万円未満である場合には，適格返還請求書の交付義務を免除することとされているため，今後の法令改正に留意する

(注1)　金融機関のATMによる手数料を対価とするサービスは，適格請求書の交付義務が免除されているため，仕入側（A社）がATMによる振込を行った場合には，上記①及び②の書類の交付は不要である。

　　　　一方で売上側（B社）においては帳簿のみの保存で仕入税額控除が認められる場合に該当するため，一定の記載事項（金融機関の名称等）の帳簿への記載が必要となる。

(注2)　区分記載請求書等保存方式では，3万円未満の取引について帳簿のみの保存により仕入税額控除が認められていたが，インボイス制度において当該取扱いは廃止される。ただし，令和5年度税制改正大綱の少額取引に係る経過措置の取扱いに留意（45頁参照）する。

(注3)　B社は売上げに係る対価の返還等をした金額の明細等を記録した帳簿を保存したうえで，売上げに係る対価の返還等として処理し，A社は仕入れに係る対価の返還等として処理する。

(2)　仕入側の事業者において対応すべき事項

　上記(1)のとおり，振込手数料を売上側の負担とした場合には，売上側（B社）の課税仕入れとするか，売上値引き（仕入値引き）とするか，いずれかの方法によることとなる。令和5年度税制改正大綱の取扱いを前提とすれば，売上値引き（仕入値引き）とすることで，売上側（B

社）は仕入側（A社）へ適格返還請求書を交付する必要はなくなる。一方で売上側（B社）の課税仕入れとする場合，売上側（B社）で少額取引に係る経過措置（45頁参照）の適用がないとすれば，仕入側（A社）は一定の書類を売上側（B社）へ交付する必要があるため，売上値引き（仕入値引き）として処理することが双方の事務負担の軽減につながる。したがって，仕入側と売上側の双方で売上値引き（仕入値引き）として処理するかどうか（双方で授受すべき書類を不要とするかどうか）の確認を行うことになる。

Ⅲ　経理処理と税額計算

1　仕入税額控除額の計算方法

インボイス制度における仕入税額控除額の計算方法は，以下の積上げ計算（請求書等積上げ方式又は帳簿積上げ方式）又は割戻し計算による。

区分記載請求書等保存方式では仕入税額控除の計算方法について特段の制限はなかったが，インボイス制度においては売上税額の計算を積上げ計算により行う場合には，仕入税額の計算において割戻し計算を適用することはできない。

【図表26】 仕入税額控除額の計算方法

計算方法		内容	留意点
積上げ計算	【原則】 請求書等 積上げ方式 （新消令46①）	交付された適格請求書等に記載された消費税額等のうち課税仕入れに係る部分の金額の合計額に78/100を乗じて計算する方法	請求書等積上げ方式と帳簿積上げ方式の併用は認められるが，割戻し計算との併用は認められない (注)　課税仕入れに係る適格請求書の交付を受けた際に，その適格請求書を単位として帳簿に仮払消費税等として計上している場合のほか，課税期間の範囲内で一定の期間内に行った課税仕入れにつきまとめて交付を受けた適格請求書を単位として帳簿に仮払消費税等として計上している場合が含まれる（インボイス通達4－4）
	【特例】 帳簿積上げ方式 （新消令46②）	課税仕入れの都度(注)，課税仕入れに係る支払対価の額に10/110（軽減税率の対象となる場合は8/108）を乗じて計算した金額（1円未満の端数が生じたときは，端数を切捨て又は四捨五入）を仮払消費税等として帳簿に計上し，その金額の合計額に78/100を乗じて計算する方法	
【特例】 割戻し計算 （新消令46③）		課税期間中の課税仕入れに係る支払対価の額を税率ごとに合計した金額に7.8/110（軽減税率の対象となる部分については6.24/108）を乗じて計算する方法	売上税額を割戻し計算によって計算する場合に限り適用できる

2　請求書等積上げ方式の詳細

　請求書等積上げ方式では次の区分に応じた金額を基として仕入税額を計算することとなる。

　①　交付を受けた適格請求書に記載された消費税額等のうち課税仕

入れに係る部分の金額

② 　交付を受けた適格簡易請求書に記載された消費税額等のうち課税仕入れに係る部分の金額（適格簡易請求書に適用税率のみの記載があり，消費税額等が記載されていない場合は，適格請求書に消費税額等を記載する際の計算方法と同様の方法により計算した金額のうち課税仕入れに係る部分の金額）

③ 　作成した仕入明細書等に記載された消費税額等のうち課税仕入れに係る部分の金額

④ 　次の取引について，受託者から交付を受けた書類に記載された消費税額等のうち課税仕入れに係る部分の金額

　　・卸売市場において，委託を受けて卸売の業務として行われる生鮮食料品等の譲渡

　　・農業協同組合等が委託を受けて行う農林水産物の譲渡

⑤ 　適格請求書の交付義務が免除される３万円未満の公共交通機関による旅客の運送など，上記**Ⅰ**4(1)(a)から(f)に掲げる帳簿のみの保存で仕入税額控除が認められるものについては，課税仕入れに係る支払対価の額に10/110（軽減税率の対象となる場合は8/108）を乗じて算出した金額（１円未満の端数が生じたときは，端数を切捨て又は四捨五入）

3　決算期をまたぐ場合の積上げ計算

　仕入側（Ａ社）が３月決算法人である場合に，仕入先であるＢ社より決算期をまたぐ適格請求書の交付を受けたときは，以下のとおり当期及び翌期のそれぞれの課税期間に係る消費税額を算出し，積上げ計算をする必要がある。

【図表27】

```
㈱Ａ社御中
                        請求書

                              ××年４月30日

                              Ｂ㈱  登録番号○

××年４月分（20日締め）
```

日付	取引	金額
３月30日	雑貨	5,500円
４月10日	日用品	33,000円
支払合計（税込）		38,500円
8％対象	なし	なし
10％対象	38,500円	（消費税：3,500円）

請求書等積上げ方式による計算方法 (注)

（当課税期間の消費税額）　　　　　　　（翌課税期間の消費税額）

３月30日仕入分　　　　　　　　　　　　４月10日仕入分
5,500円×10/110＝500円……①　　　　33,000円×10/110＝3,000円……②

①×78/100＝390円　　　　　　　　　　②×78/100＝2,340円

（注）　仕入税額の積上げ計算は，課税仕入れの都度，課税仕入れに係る支払対
　　　価の額に10/110（軽減税率の対象となる場合は8/108）を乗じて算出した
　　　金額（１円未満の端数が生じたときは，端数を切捨て又は四捨五入）を仮
　　　払消費税額等とし，帳簿に計上している場合は，その金額の合計額に
　　　78/100を掛けて算出する帳簿積上げ方式も認められる。したがって，当課
　　　税期間及び翌課税期間のそれぞれの課税仕入れについて，帳簿積上げ方式
　　　により計算することもできる。

第4章

主要な取引先に免税事業者がある場合の具体的な対応

インボイス制度の導入により，免税事業者が取引から排除される恐れがあるといわれている。本章では，その要因である「免税事業者（適格請求書発行事業者以外の事業者）」から仕入れを行った場合における仕入側の影響について確認するとともに，取引先に免税事業者がある場合の具体的な対応についても整理する。なお，仕入側の事業者（自社）は，課税事業者を前提としている。

I 免税事業者からの仕入れにかかる影響

1 日本の消費税制度について

日本の消費税は，原則として全ての商品とサービスの消費に広くうすく課税することを目的とした税金である。生産，流通の過程で税が累積されることのないようにするため，仕入れの段階に含まれている税額を売上げに対する税額から差し引く仕組みである。消費税の申告・納税額の計算に当たっては，受領した売上げに係る消費税から経費等の支払いの際に負担した消費税を控除することができる。この制度を仕入税額控除という。商品等の購入者が負担した消費税は，消費税を受領した事業者によって申告・納税が行われるため，仕入税額控除制度は，納税者が負担した税金が適正に納税されるために非常に大事な制度である。

2 インボイス制度導入前後における仕入税額控除の比較

インボイス制度導入前においては，下記の【図表28】のように取引の相手先を問わず，「帳簿及び請求書等」の保存を要件に，仕入税額控除を適用することができる。つまり，誰から仕入れたとしても自社側の

仕入税額控除の金額に影響を及ぼすことはない。

【図表28】 インボイス制度導入前

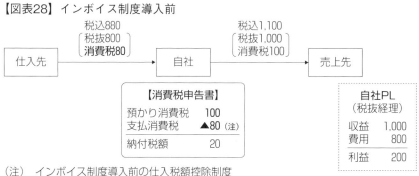

（注） インボイス制度導入前の仕入税額控除制度
　　　取引の相手先を問わず，課税売上げに対応する支払消費税を申告計算上控除できる

　これに対しインボイス制度導入後において仕入税額控除を適用するためには，原則として，適格請求書発行事業者から交付を受けた「適格請求書等（インボイス）」の保存が要件となる。

【図表29】 インボイス制度導入後―適格請求書発行事業者以外の事業者から仕入れる場合

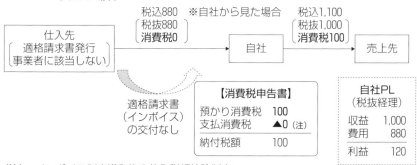

（注） インボイス制度導入後の仕入税額控除制度
　　　適格請求書発行事業者に該当しない事業者からの仕入れについては，課税取引か否かにかかわらず，支払消費税を申告計算上控除することができない
　　　（実際には経過措置の取扱いにより，段階的に控除できなくなる）

上記の【図表29】のように，インボイス制度導入後は免税事業者（適格請求書発行事業者以外の事業者）からの仕入れについては，仕入税額控除を行うことができなくなるため，今までと同一条件による取引を行った場合（【図表29】のケースでは対価880を変更せずに取引した場合）には消費税の納税負担が増加する。

　つまり，インボイス制度が導入されると，「誰から仕入れるか」によって，仕入税額控除の金額に影響を及ぼすことになる。

3　簡易課税制度を適用している場合

　インボイス制度導入後も，売上げにかかる消費税から仕入れにかかる消費税を控除し，差引税額を納税するという消費税のルールは変わらない。そのため，インボイス制度導入後は仕入側の納税額に影響を及ぼす可能性がある。ただし，それは，自社が原則的方法で消費税を計算している場合の影響である。仕入側が，簡易課税制度を導入している場合には，売上げにかかる消費税額に一定の割合（みなし仕入率）を乗じて仕入税額控除を行うことができるため，納税額に影響を及ぼすことはない。

　以上が，インボイス制度導入後に免税事業者（適格請求書発行事業者以外の事業者）から仕入れを行う場合の影響である。これを踏まえて，免税事業者との取引について今後どのような対応を行っていくべきか確認する。

（注）　簡易課税制度とは，基準期間（個人事業者は前々年，法人は前々事業年度）における課税売上高が5,000万円以下の課税期間について，売上げに係る消費税額に，事業の種類の区分（事業区分）に応じて定められたみなし仕入率を乗じて算出した金額を仕入れに係る消費税額として，売上げに係る消費税額から控除することができる制度である。

Ⅱ　取引先に免税事業者がいる場合にインボイス制度導入前に行わなければいけないこと

免税事業者との取引における課題

　免税事業者からの仕入れにかかる消費税については，仕入税額控除を行うことができないため，現状の取引をそのまま継続すると仕入側の納税負担は増加する可能性がある。そこで，インボイス制度が「導入される前」に，下記のような事項の検討を行っておく必要がある。

---

① 　仕入先への事前確認の必要性の検討　→　必要に応じて事前確認
② 　仕入先が適格請求書発行事業者になる予定がない場合における
　　今後の取引についての検討
③ 　仕入先へのアプローチ方法の検討
④ 　当社の経費精算フローなどへの影響を検討

---

(1)　仕入先への事前確認の必要性の検討

　個人事業主や小規模事業者である仕入先（免税事業者と思われる仕入先）との取引が多い事業者については，仕入先における適格請求書発行事業者への登録状況を事前に把握しておくべきかどうかを検討する必要がある。

<想定される仕入先＞

・　建設業等における一人親方への外注
・　フリーランス（個人事業主）やギグワーカーへの外注（例えば，

モデル，スポーツ選手，クリエイター，ＳＥ，保険外交員，士業，
ライター，デザイナー，インストラクター，講師，運送業者など）
- 自社の交際費などに含まれる小規模な飲食店
- 希少商品の仕入れ
- 店舗，駐車場の賃借など

なお，一般消費者（事業を行っていない消費者）からの仕入れも原則
として仕入税額控除を適用できない。しかし，古物営業，質屋営業，宅
地建物取引業，再生資源卸売事業を営む事業者が，適格請求書発行事業
者以外の者から古物，質物，建物，再生資源・再生部品を当該事業者の
棚卸資産として取得する場合にはインボイスの保存がなくても，一定の
事項を記載した帳簿を保存することで仕入税額控除を適用できる取扱い
があるため留意する必要がある（リサイクルショップ・中古自動車販売
業など）。

(2) 仕入先への事前確認

自社への影響が大きいと判断した場合には，書面などにより仕入先に
登録するかどうかの事前確認を行い，状況把握をする対応が考えられる。
また，仕入先との関係上（常時元請と下請にある関係など），自社が指
導的役割を担える場合には，適格請求書発行事業者への登録を積極的に
促す対応も考えられる。ただし，後述する下請法や独占禁止法などに抵
触する可能性もあるため，慎重に対応する必要がある。

適格請求書発行事業者はインターネット上に公表されており，ＣＳＶ
等のデータにより公表情報に関する全情報をダウンロードすることも可
能である。法人であれば，「Ｔ＋法人番号」が登録番号となるため，登
録番号により容易に検索することができる。これに対して個人の場合に
は，登録番号は新たに付される。個人についても「全件データファイ
ル」が公開されているが，公開されている情報は登録番号と登録年月日

のみであり，氏名等の情報は含まれていない（公開当初は氏名等を含めて公表されていたが，令和4年9月26日以降削除されている）。そのため，本サイトにおいて特定の個人が登録しているかどうかを氏名や住所の情報から検索することができない。したがって，個人事業主である取引先の登録状況を確実に把握するためには，直接問い合わせをするしかない。

　なお，令和5年度税制改正により，適格請求書発行事業者への登録申請手続きが見直される予定である。税制改正前は，令和5年10月1日より適格請求書発行事業者となるためには，原則として同年3月31日までに登録申請書の提出する必要があり，登録申請書を提出できなかったことにつき，困難な事情がある場合には，その困難な事情を記載した登録申請書を提出することで，4月1日以降の提出についても施行前の登録を認めていた。本改正により引き続き3月31日の申請期限に変更はないものの，4月1日以降の提出について「困難な事情」の記載がなくとも運用上改めて求めないものとされる。これにより，実質的には期限延長と同様の効果があるものと考えられ，取引先がインボイス制度の施行日の直前まで，登録するかどうかの判断を遅らせる可能性が高まる。したがって，取引先への確認について，施行日直前まで継続的に行わなければいけないケースが生じることも考えられる。

(3)　仕入先が適格請求書発行事業者になる予定がない場合における今後の取引についての検討

　取引先への登録状況の確認により，現状で登録しておらず，今後も登録する予定はないということが把握できた場合には，まずは，仕入先に適格請求書発行事業者になるように打診することも考えられる。しかし，免税事業者が課税事業者になると，消費税の申告・納税が必要になり，登録事業者への申請や請求書等の様式変更などの事務負担も生じることになる。そのため，そのような打診を行ったとしても，適格請求書発行

事業者にならないことも考えられる。このようなケースにおいて，下記の【図表30】のような対応が考えられる。

【図表30】

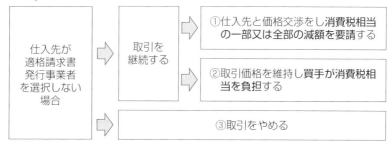

取引を継続する場合には①仕入先と価格交渉をし消費税相当の一部又は全部の減額を要請する，②自社が消費税相当を負担するという2つのケースが考えられる。②の自社が消費税相当（本来は価格の一部）を負担せざるを得ないケースとしては，商品等の代替が困難である場合や過去の消費税の増税時に消費税相当の金額の増額を行っていない場合などが考えられる。なお，商品等の代替性があり，同一の価格で他の適格請求書発行事業者と取引を行えるような場合には，③その免税事業者との取引をやめるということも選択肢の1つといえる。この③の選択肢がまさに免税事業者が取引から排除されるという状況である。

①～③の選択肢において，①の選択が可能なのであれば，自社としては粘り強く要請を行っていき，既存の仕入先との取引を継続するのが望ましいが，仕入先の対応状況などを鑑みて，柔軟に対応する必要がある。

なお，インボイス制度の導入を契機として，取引条件の変更を迫ることについては，下請法や独占禁止法上問題となる恐れがあるため留意が必要となる。

● 取引条件変更を検討する際の留意点

　消費税における取引価格の変更の留意点については，財務省，公正取引委員会等の連名でQ&Aが出ているので紹介する。

【免税事業者及びその取引先のインボイス制度への対応に関するQ&A】

> **Q7**　仕入先である免税事業者との取引について，インボイス制度の実施を契機として取引条件を見直すことを検討していますが，独占禁止法などの上ではどのような行為が問題となりますか。
>
> **A**
> 　…（中略）…
> 　自己の取引上の地位が相手方に優越している一方の当事者が，取引の相手方に対し，その地位を利用して，正常な商慣習に照らして不当に不利益を与えることは，優越的地位の濫用として，独占禁止法上問題となるおそれがあります。
> 　仕入先である免税事業者との取引について，インボイス制度の実施を契機として取引条件を見直すことそれ自体が，直ちに問題となるものではありませんが，見直しに当たっては，「優越的地位の濫用」に該当する行為を行わないよう注意が必要です。
> 　以下では，インボイス制度の実施を契機として，免税事業者と取引を行う事業者がその取引条件を見直す場合に，優越的地位の濫用として問題となるおそれがある行為であるかについて，行為類型ごとにその考え方を示します。
> 　…（中略）…
>
> **1　取引対価の引下げ**
> 　取引上優越した地位にある事業者（買手）が，インボイス制度の実施後の免税事業者との取引において，仕入税額控除ができないことを理由に，免税事業者に対して取引価格の引下げを要請し，取引価格の

再交渉において，仕入税額控除が制限される分…について，免税事業者の仕入れや諸経費の支払いに係る消費税の負担をも考慮した上で，双方納得の上で取引価格を設定すれば，結果的に取引価格が引き下げられたとしても，独占禁止法上問題となるものではありません。

しかし，再交渉が形式的なものにすぎず，仕入側の事業者（買手）の都合のみで著しく低い価格を設定し，免税事業者が負担していた消費税額も払えないような価格を設定した場合であって，免税事業者が今後の取引に与える影響等を懸念してそれを受け入れざるを得ない場合には，優越的地位の濫用として，独占禁止法上問題となり得ます。

また，取引上優越した地位にある事業者（買手）からの要請に応じて仕入先が免税事業者から課税事業者となった場合であって，その際，仕入先が納税義務を負うこととなる消費税分を勘案した取引価格の交渉が形式的なものにすぎず，著しく低い取引価格を設定した場合についても同様です。

… （中略） …

5　取引の停止

事業者がどの事業者と取引するかは基本的に自由ですが，例えば，取引上の地位が相手方に優越している事業者（買手）が，インボイス制度の実施を契機として，免税事業者である仕入先に対して，一方的に，免税事業者が負担していた消費税額も払えないような価格など著しく低い取引価格を設定し，不当に不利益を与えることとなる場合であって，これに応じない相手方との取引を停止した場合には，独占禁止法上問題となるおそれがあります。

ここでは，前述した，取引対価の引下げと取引の停止について抜粋した。他にも「協賛金等の負担の要請等」などの記載があり，免税事業者との取引が多い事業者においては目を通しておきたい内容である。仕入先との交渉は，民法の契約自由の原則に従い当事者間の判断に委ねられることは自明ではあるが，取引条件の見直しが「優越的地位の乱用」に該当した場合には，認められないことが明らかにされている。しかし，

取引先におけるインボイス制度の理解度が低いと交渉が正当でないと受け取られる可能性があることや実際の申告額への影響を双方で正確に認識するのは困難であることなどを鑑みると，どこまでが「優越的地位の乱用」になるのかは不透明な部分も残る。

(4)　仕入先へのアプローチ方法の検討

　仕入先・外注先等への事前確認，適格請求書発行事業者となることへの要請，取引価格の交渉などの対応を誰が担当するのかも重要な検討事項である。

　インボイス制度導入に伴う様々な影響を最初に把握するのは，一般的には経理担当者になる。しかし，免税事業者と直接接点があるのは通常は経理担当者ではない。免税事業者との取引に係る懸念点を懸念点のまま放置しておくと，条件交渉などを行うことなく制度導入を迎えることになり，全ての負担を仕入側が負う結果となってしまう。場合によっては社内の責任問題になる可能性もある。早めに役割を決定して早めにアプローチを開始することが望ましいと考えられる。

　【図表31】は今後の対応イメージである。ただし，仮にこのように役割分担を決めたとしても，例えば営業部の従業員がインボイス制度の影響を適切に外注先に伝えられるとは限らない。また，独占禁止法や下請法違反の問題もあるため，慎重に交渉を行うためには相応の準備が必要と考えられる。事業内容によっては，多くの免税事業者に外注しているケースもあり，そのような場合には，説明文書や対応マニュアルの作成も必要になる。繰り返しにはなるが，早めの準備が必要である。

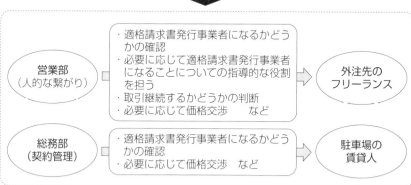

【図表31】今後の対応イメージ（例）

経理部 ⇒
・免税事業者との取引の抽出
・役割分担の決定

対応

営業部
（人的な繋がり）
・適格請求書発行事業者になるかどう
　かの確認
・必要に応じて適格請求書発行事業者
　になることについての指導的な役割
　を担う
・取引継続するかどうかの判断
・必要に応じて価格交渉　　など
⇒ 外注先の
フリーランス

総務部
（契約管理）
・適格請求書発行事業者になるかどう
　かの確認
・必要に応じて価格交渉　　など
⇒ 駐車場の
賃貸人

⑸　自社の経費精算フローなどへの影響を検討

　自社の経理実務についてもインボイス制度の導入に伴いどのような影響が生じるのかを検討する必要がある。詳細については後述するが，免税事業者からの仕入れについては仕入税額控除額に関する経過措置が設けられている。インボイス制度導入後3年間は80％控除，その後3年間は50％控除が認められている。インボイス制度が普及するまでの経過措置だが，経理を行う側とすれば非常に仕訳が難解になる。仕入れだけでも適格請求書発行事業者からの仕入れ，複数税率，免税事業者からの仕入れなどを区分して確認する必要があり，領収書の確認等に伴う事務負担の増加が見込まれる。

　このような状況を踏まえ⑷で検討したように経理部の事務負担を鑑みるのか，営業部のコネクションを優先して取引先の負担に配慮するのか，納税額への影響はどの程度になるのかなどを考慮の上，経費精算フロー

や抜本的なシステムの導入などを早めに検討及び構築しておくことが望ましいと考えられる。

Ⅲ　免税事業者からの仕入れに係る経過措置

　免税事業者（適格請求書発行事業者以外の事業者）からの仕入れについて仕入税額控除が適用できなくなる問題点について検討してきたが，免税事業者（適格請求書発行事業者以外の事業者）への支払いについては，インボイス制度導入後ただちに仕入税額控除の適用ができなくなるのではなく，段階的に税額控除額が縮小していく経過措置が設けられている。

　具体的には，【図表32】のとおり，インボイス制度導入後6年間（令和5年10月1日〜令和11年9月30日）は，免税事業者（適格請求書発行事業者以外の事業者）からの仕入れについても，仕入税額相当額の一定割合を課税仕入れにかかる消費税額とみなす経過措置が設けられている。この経過措置による仕入税額控除の適用に当たっては，次の2点を記載した帳簿及び請求書等の保存が必要になる。

　①　免税事業者（適格請求書発行事業者以外の事業者）から受領する区分記載請求書等と同様の事項が記載された請求書等

　②　この経過措置の適用を受ける旨（80％控除・50％控除の特例を受ける課税仕入れである旨）を記載した帳簿

　なお，令和11年10月1日以降の免税事業者（適格請求書発行事業者以外の事業者）からの仕入れについてはその全額が仕入税額控除の対象とはならない。

【図表32】 適格請求書発行事業者以外の事業者からの仕入れについて仕入税額控除を適用できる割合

期　　　間	割　　合
令和5年10月1日から令和8年9月30日まで	80%
令和8年10月1日から令和11年9月30日まで	50%

参考

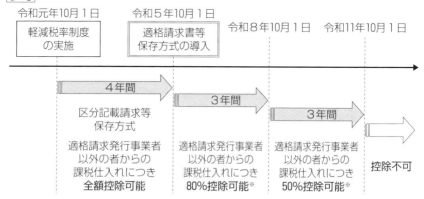

（出典：国税庁HP「令和3年2月の消費税経理通達の改正の趣旨」より抜粋）

　経過措置に関して，具体的な事例による仕訳処理を確認する。以下の事例のとおり本経過措置の影響は消費税だけではなく法人税にも影響を及ぼすことになる。なお，以下の処理は，「令和3年改正消費税経理通達関係Q&A」を参考にしている。

<事例１>　個人からの車両の購入

事業者でない個人から中古自動車を税込110万円で購入した（古物営業ではない）

①　インボイス制度導入前

| 車　　　両 | 1,000,000 | 現　預　金 | 1,100,000 |
| 仮払消費税 | 100,000 | | |

②　インボイス制度導入後（R5.10.1〜R8.9.30）

| 車　　　両 | 1,020,000 | 現　預　金 | 1,100,000 |
| 仮払消費税 | 80,000 | | |

控除できない20％部分は一時の損金算入はできず，取得価額に含める必要がある。

会計上取得価額に含めず処理する場合には，法人税の計算上，申告調整が必要となる。

＜事例２＞　免税事業者が経営する店舗での接待交際

免税事業者である飲食店において社外の者と２名で飲食をし，税込
11,000円を支払った

① インボイス制度導入前

| 交　際　費 | 10,000 | 現　預　金 | 11,000 |
| 仮払消費税 | 1,000 | | |

② インボイス制度導入後（R5.10.1〜R8.9.30）

| 交　際　費 | ⟮10,200⟯ | 現　預　金 | 11,000 |
| 仮払消費税 | 800 | | |

控除できない20％部分を含めて交際費の5,000円判定を行う。
１人当たり5,100円となるため，税務上の交際費に該当する。

第5章

電子インボイスの税法上の取扱いと今後の展望

令和5年10月からインボイス制度が始まるのと同時に，電子インボイスの利用が認められる。すなわち，仕入税額控除を受けるために必須となる適格請求書（インボイス）を電子データとして提供することが認められ，そのまま電子データとして保存することが可能となる。

　本章では，インボイスを紙ではなく，電子データとすることで生じる電子インボイス特有の論点を消費税法及び電子帳簿保存法の観点から整理する。

　また，消費税のインボイス制度において使用されている「電子インボイス」という言葉と，最近話題となっているDX化に必要な「電子インボイス」という言葉では，その使われ方が異なることがあるため，その違いを意識したうえで，今後の業務効率化や付加価値向上のために必要とされる「電子インボイス」についてどのような展望が考えられるか，検討したい。

I　消費税のインボイス制度における電子インボイスとは

　「電子インボイス」という言葉は，消費税法上に直接定義がなされているわけではないが，財務省による説明資料や国税庁のインボイス制度に関するパンフレットなどで「適格請求書に係る電磁的記録（電子インボイス）」と説明されているように，適格請求書のうち電子データ化されているものを電子インボイスと呼んでいる。そのため，その電子データの中身が単なる画像データであれ，個々の取引データの集合体であれ，紙ではなく電子データとして授受される適格請求書は，全て電子インボイスの括りとなる。

　電子インボイスの提供方法として，インボイス通達において，下記のような方法があげられているが，例えば，手書きの適格請求書をスキャ

ンしてPDFデータにしたものや，ExcelやWord等から作成した適格請求書をPDFデータにしたもの等も該当し，さらには，これらを記録したCD-ROMによる提供による方法でも電子インボイスの提供となるため，電子インボイスは広い範囲の電子データのやりとりについて該当することになる。

(注)　以下，QA形式部分については，インボイスQ&A（令和4年11月改訂）の内容を要約の上，解説していく。

1　電子インボイスによる提供方法
（インボイスQ&A問28関連）

> **Q**　適格請求書を取引先にインターネットを通じて電子データにより提供する場合，具体的にはどのような方法が該当するか。

A　電子データによる提供方法としては，光ディスク，磁気テープ等の記録用の媒体による提供のほか，例えば，次の方法がある（インボイス通達3-2）。

① 　EDI取引(注)における電子データの提供

② 　電子メールによる電子データの提供

③ 　インターネット上にサイトを設け，そのサイトを通じた電子データの提供

(注)　EDI（Electronic Data Interchange）取引とは，異なる企業・組織間で商取引に関連するデータを，通信回線を介してコンピュータ間で交換する取引等をいう。

Ⅱ 消費税法上における電子インボイスの取扱いと 電子帳簿保存法

　法人税法や所得税法等の国税の規定により保存が求められる帳簿書類を書面ではなく電子データの形式で保存を行うには，特例法としての電子帳簿保存法に従う必要があるが，適格請求書を電子データとして直接やり取りした場合における保存の義務についての規定は消費税法の中に独自に置かれており，その中で，保存については電子帳簿保存法に準ずることが求められている。

⑴　**適格請求書発行事業者（売手側）についての電子インボイス関連の主な規定**

　①　適格請求書発行事業者が，適格請求書を発行する場合，書面による交付に代えて，電子データによって提供することが可能であること（新消法57の4①⑤等）

　②　発行した電子インボイスの保存は，電子帳簿保存法に規定する要件に準ずる必要があること（新消法57の4⑥，新消規26の8①等）

　（注）　適格請求書のほか，適格簡易請求書，適格返還請求書も電子データによる提供が可能。

⑵　**仕入税額控除を受ける事業者（買手側）についての電子インボイス関連の主な規定**

　①　仕入税額控除で保存が必要とされる請求書等には，書類のほか電子データも該当すること（新消法30⑦⑨等）

　②　受領した電子インボイスの保存は，電子帳簿保存法に規定する要件に準ずる必要があること（新消令50①，新消規15の5等）

　ポイントは，紙であっても，電子データとなっていても，適格請求書の記載事項等として必要となる内容は同じであるが，電子データ特有の論点として，保存の際，電子帳簿保存法に定める保存要件に準じて保存要件を満たすことが求められる点で，紙で保管する場合とは大きく異なる。

　以下，具体的に，電子インボイスで授受や保存をする方法おいて，紙ベースの適格請求書とその取扱いが同じ点・異なる点を中心に，下記に整理する。

1　電子インボイスの記載事項①
（インボイスQ&A問55関連）

> **Q**　紙のインボイスには，適格請求書の記載事項を記載しなければならないが，電子インボイスにより提供する場合，何を記載しなければならないか。

A　紙のインボイスでも，電子インボイスでも，記載事項に変わりはない。したがって適格請求書の記載事項と同じ内容の記録が必要となる。具体的には下記の事項である。

①　電磁的記録を提供する適格請求書発行事業者の氏名又は名称及び登録番号

②　課税資産の譲渡等を行った年月日

③　課税資産の譲渡等に係る資産又は役務の内容（課税資産の譲渡等が軽減対象資産の譲渡等である場合には，資産の内容及び軽減対象資産の譲渡等である旨）

④　課税資産の譲渡等の税抜価額又は税込価額を税率ごとに区分して合計した金額及び適用税率

⑤　税率ごとに区分した消費税額等

⑥　電磁的記録の提供を受ける事業者の氏名又は名称

2 電子インボイスの記載事項②
―EDI取引により交換する電子データと月まとめ請求書を組み合わせて適格請求書の交付
とする場合
（インボイス Q&A 問63関連）

Q 　受発注や納品などの日々の取引については EDI 取引により電子データを交換することにより行い，請求書については，月まとめで，書面により取引先に交付している。

　請求書を適格請求書とするために，請求書には，以下のように登録番号等の記載を行い，日々の取引の明細については，電子データである請求明細（税率ごとに分けて作成する）を参照しようと考えている。このような場合でも適格請求書の交付をしたといえるか。

○ 請求書（書面で交付）

○ 請求明細（電磁的記録で提供）

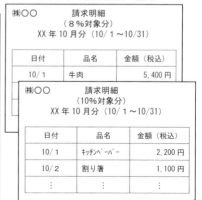

A 　適格請求書の記載事項は，1つの書類内で全ての記載事項を満たす必要はなく，書類と電子データの関連が明確であり，適格請求書の交付対象となる取引内容を正確に認識できる方法で交付されていれば，書類と電子データを組み合わせることでも，適格請求書の記載事項を満たすことができる。

　したがって，課税資産の譲渡等の内容（軽減税率の対象である旨を含む）を含む請求明細については電子データにより提供した上で，それ以外の記載事項のある月まとめの請求書を交付することで，これら全体により，適格請求書の記載事項を満たすことができれば，適格請求書の交付があったものといえる。

　なお，EDI取引で交換した電子データについては，電子帳簿保存法の「電子取引データ」についての保存要件に準じた方法で，保存をする必要がある（下記3(1)(2)(3)を参照）。

3　電子インボイスの保存方法

　仕入れを行う課税事業者が仕入税額控除を受けるためには，受領したインボイスを保存しなければならない。一方，適格請求書の発行事業者は，その控えを保存しなければならない。紙のインボイスであれば整理して7年間保存することが求められるが，これが電子インボイスである場合には，「電子帳簿保存法に準じて」保存することが求められる点で大きく異なる。インボイスQ&Aでは，電子インボイスに電子帳簿保存法が適用される場合の具体的な保存方法について詳細な解説がおかれている。

　主なインボイスの交付・保存パターンと，インボイスQ&Aの該当箇所の関係をまとめたものが【図表33】である。以下，インボイスQ＆Aをもとに保存方法を確認する。

【図表33】 インボイスの主な交付・保存パターンとインボイスQ&A各問との関係

① インボイスを紙で交付する場合

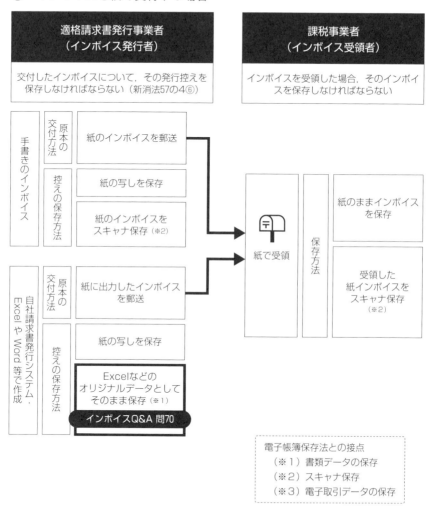

電子帳簿保存法との接点
（※1）書類データの保存
（※2）スキャナ保存
（※3）電子取引データの保存

②　インボイスを電子データとして提供する場合

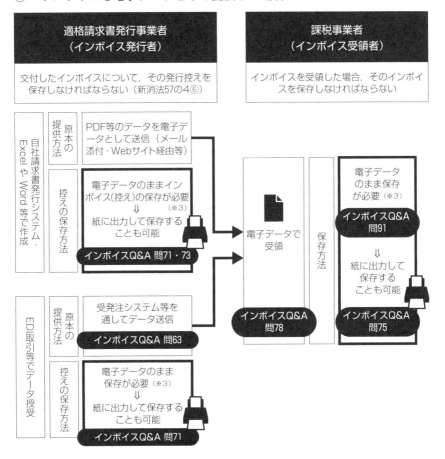

(1) 電子インボイスの発行者側における控えの保存方法

（インボイスQ&A問71関連）

Q 適格請求書発行事業者は交付した適格請求書の控えを保存しなければ
ならないが，電子インボイスとして適格請求書を提供した場合には，どの
ような方法で保存することが必要か。

A 適格請求書発行事業者は，国内において課税資産の譲渡等を行った
場合に，相手方（課税事業者に限る）から求められたときは適格請求
書を交付しなければならないが，適格請求書の交付に代えて，電子イ
ンボイスにより相手方に提供することができる（新消法57の4①⑤）。

その場合，適格請求書発行事業者は，提供した電子データを電子
データのまま，又は紙に印刷して，その提供した日の属する課税期間
の末日の翌日から2月を経過した日から7年間，納税地又はその取引
に係る事務所，事業所その他これらに準ずるものの所在地に保存しな
ければならない（新消法57の4⑥，新消令70の13①，新消規26の8）。

この場合において，その電子インボイスを紙に印刷せず，電子デー
タのまま保存しようとするときには，以下の①から④の要件を全て満
たすよう，措置を講じる必要がある（新消規26の8①）。

① 次のイからニのいずれかの措置を行うこと

イ 電子インボイスを提供する前にタイムスタンプを付し，その
電子データを提供すること（電帳規4①一）

ロ 電子インボイスの提供後一定の期間内(注)にタイムスタンプ
を付すとともに，<u>その電子データの保存を行う者又はその者を
直接監督する者に関する情報を確認することができるようにし
ておくこと</u>(※)（電帳規4①二）

（注） 一定の期間内は次のいずれかをさす。

・電子インボイスの提供後，速やかに（概ね7営業日以内）

　　　　・電子インボイスの提供からタイムスタンプを付すまでの各事務の
　　　　処理に関する規程を定めている場合において，その業務の処理に
　　　　係る通常の期間（最長2か月）を経過した後，速やかに（概ね7
　　　　営業日以内）

　　（※）　令和5年度税制改正により，電子データの保存を行う者等に関
　　　　する情報の確認要件は廃止となる予定である（令和6年1月1日
　　　　以後適用予定）。

　ハ　電子インボイスの記録事項について，次のいずれかの要件を
　　満たす電子計算機処理システムを使用して電子インボイスの提
　　供及びその電子データを保存すること（電帳規4①三）

　　　　・訂正又は削除を行った場合には，その事実及び内容を確認
　　　　することができること

　　　　・訂正又は削除することができないこと

　ニ　電子インボイスの記録事項について正当な理由がない訂正及
　　び削除の防止に関する事務処理の規程を定め，当該規程に沿っ
　　た運用を行い，当該電子データの保存に併せて当該規程の備付
　　けを行うこと（電帳規4①四）

②　電子インボイスの保存等に併せて，システム概要書の備付けを
　行うこと（電帳規2②一，4①）

③　電子インボイスの保存等をする場所に，その電子データの電子
　計算機処理の用に供することができるPC，プログラム，ディス
　プレイ及びプリンタ並びにこれらの操作説明書を備え付け，その
　電子データをディスプレイの画面及び書面に，整然とした形式及
　び明瞭な状態で，速やかに出力できるようにしておくこと（電帳
　規2②二，4①）

④　電子インボイスについて，次の要件を満たす検索機能を確保し
　ておくこと（電帳規2⑥六，4①）

　i　取引年月日その他の日付，取引金額及び取引先を検索条件と
　　して設定できること

ⅱ　日付又は金額に係る記録項目については，その範囲を指定して条件を設定することができること

　　ⅲ　二以上の任意の記録項目を組み合わせて条件を設定できること

　　（注１）　税務調査などで電子データの提示又は提出の要求に応じることができるようにしているときはⅰのみでよい。

　　（注２）　その判定期間に係る基準期間における売上高が1,000万円(※)以下の事業者が税務調査などで電子データの提示又は提出の要求に応じることができるようにしているときは検索機能ⅰⅱⅲの全てが不要となる。

　　　（※）　令和５年度税制改正により，5,000万円に引き上げられる予定である（令和６年１月１日以後適用予定）。

　他方，適格請求書に係る電子データを紙に印刷して保存しようとするときには，整然とした形式及び明瞭な状態で出力しておく必要がある（新消規26の8②）。

【補足】　上記①〜④の要件のうち，特に①（４つの措置）と④（検索要件）について，これらの要件をいかにして充足するか悩ましいところである。外部からのシステムの導入に頼らず，自社内のリソースを使って，事務処理規程を整備（上記①ニ）し，検索要件④ⅰを満たす形で保存する体制を整えるということも考えられるが，一般的には，これらの機能を備えたクラウド上のシステムを利用する等，新たなシステムの導入を検討することが多いものと思われる。

⑵　電子インボイスの受領者が電子データのまま保存する場合の保存方法（インボイスQ&A問91関連）

> **Q**　取引先から紙の適格請求書に代えて，電子インボイスの提供を受けている場合，仕入税額控除の要件を満たすためには，電子データをどのような方法で保存することが必要か。

A　相手方から適格請求書の交付に代えて，電子インボイスによる提供を受けた場合，仕入税額控除の適用を受けるためには，その電子データを保存する必要がある（新消法30⑦⑨二）。

　提供を受けた電子データを，紙に印刷する方法をとらず，そのまま保存しようとするときには，以下の①から④の全てを満たすよう，措置を講じる必要がある（新消令50①，新消規15の5）。

①　次のイからニのいずれかの措置を行うこと

　イ　タイムスタンプが付された電子インボイスを受領すること（受領した者がタイムスタンプを付す必要はない）（電帳規4①一）

　ロ　電子インボイスの提供を受けた後一定の期間内(注)にタイムスタンプを付すとともに，<u>その電子データの保存を行う者又はその者を直接監督する者に関する情報を確認することができるようにしておくこと</u>(※)（電帳規4①二）

　（注）　一定の期間は次のいずれかをさす
　　　・電子インボイスの提供を受けた後，速やかに（概ね7営業日以内）
　　　・電子インボイスの提供からタイムスタンプを付すまでの各事務の処理に関する規程を定めている場合において，その業務の処理に係る通常の期間（最長2か月）を経過した後，速やかに（概ね7営業日以内）

　（※）　令和5年度税制改正により，電子データの保存を行う者等に関する情報の確認要件は廃止となる予定である（令和6年1月1日

以後適用予定)。

ハ　電子インボイスの記録事項について，次のいずれかの要件を満たす電子計算機処理システムを使用して電子インボイスの受領及びその電子データを保存すること（電帳規4①三）

・訂正又は削除を行った場合には，その事実及び内容を確認することができること

・訂正又は削除することができないこと

ニ　電子インボイスの記録事項について正当な理由がない訂正及び削除の防止に関する事務処理の規程を定め，当該規程に沿った運用を行い，当該電子データの保存に併せて当該規程の備付けを行うこと（電帳規4①四）

② 電子インボイスの保存等に併せて，システム概要書の備付けを行うこと（電帳規2②一，4①）

③ 電子インボイスの保存等をする場所に，その電子データの電子計算機処理の用に供することができるPC，プログラム，ディスプレイ及びプリンタ並びにこれらの操作説明書を備え付け，その電子データをディスプレイの画面及び書面に，整然とした形式及び明瞭な状態で，速やかに出力できるようにしておくこと（電帳規2②二，4①）

④ 電子インボイスについて，次の要件を満たす検索機能を確保しておくこと（電帳規2⑥六，4①）

ⅰ　取引年月日その他の日付，取引金額及び取引先を検索条件として設定できること

ⅱ　日付又は金額に係る記録項目については，その範囲を指定して条件を設定することができること

ⅲ　二以上の任意の記録項目を組み合わせて条件を設定できること

（注1）　税務調査などで電子データの提示又は提出の要求に応じるこ

とができるようにしているときは i のみでよい。

（注2）　その判定期間に係る基準期間における売上高が1,000万円（※）
以下の事業者が税務調査などで電子データの提示又は提出の要
求に応じることができるようにしているときは検索機能 i ⅱ ⅲ
の全てが不要となる。

（※）　令和5年度税制改正により，5,000万円に引き上げられる予
定である（令和6年1月1日以後適用予定）。

他方，提供を受けた電子インボイスを紙に印刷して保存しようとする
ときは，整然とした形式及び明瞭な状態で出力しておく必要がある（新
消規15の5②）。

【補足】　上記(1)の発行者側の保存要件と，上記(2)の受領者側の保存要件はほぼ
同じであり，タイムスタンプに関して，タイムスタンプを付してから送信する
か，付したものを受信するかの裏表の関係になっているのみである。したがっ
て，(1)のインボイスの提供者に関する補足と同様にいかにして保存要件を満た
すかという論点が生じるが，仕入税額控除を受けるために必要な要件という意
味では，確実に充足することについてより慎重さが求められるだろう。

(3)　提供された電子インボイスを書面により保存する場合の取扱い
（インボイスQ&A問75関連）

Q　取引先から紙の適格請求書に代えて，電子インボイスにより提供を受
けている場合，これを紙に印刷して保存することでも仕入税額控除の要件
を満たすことはできるか（電子データのまま保存が強制されないのか）。

A　適格請求書を電子インボイスにより受領した場合，整然とした形式
及び明瞭な状態で出力した書面を保存することで，仕入税額控除の適
用に係る保存要件を満たすことができる（新消規15の5②）。

消費税法上，電子インボイスを紙に印刷して保存するならば，電子

データのまま電子帳簿保存法の要件を満たして保存することは求められない。

【補足】 令和３年度の税制改正により，電子帳簿保存法上は，所得税（源泉徴収に係る所得税を除く）及び法人税法の保存義務者が令和４年１月１日以後行う電子取引データについては，それまで認められていた書面に出力して保存する方法が廃止され，宥恕措置の期間(注)が明ける令和６年１月１日以降は，全ての電子取引の取引情報に係る電子データを，電子データのまま一定の要件の下，保存しなければならないこととされた。

(注)　宥恕措置の期間（令和５年12月31日までの期間）中に行う電子取引については，整備が間に合わないなどのやむを得ない事情があり，かつ，保存すべき電子データをプリントアウトして税務調査等の際に提示・提出できるようにしていれば紙に印刷して保存することも可能（事前申請等は不要）。

(※)　令和５年度税制改正により，電子帳簿保存法上の新たな猶予措置として令和６年１月１日以後についてもシステム対応が間に合わないことにつき「相当の理由」がある場合には，紙に印刷して保存することが容認される予定である。ただし，この場合でも，電子データそのものの保存は必要となるため，青色申告事業者については，紙保存に加え，電子データを残す必要があることに留意する。

(4)　適格請求書の写しの電磁的記録による保存

（インボイスQ&A問70関連）

> **Q**　自己の業務システム（Excel・Word等も含む）で作成した適格請求書を出力し，書面で交付している場合に，書面で交付した適格請求書の写しとして，当該システムで作成したデータをそのまま保存することも認められるか。

A　電子インボイスとして電子上でやり取りがないものであっても国税に関する法律の規定により保存が義務付けられている書類で，自己が一貫して電子計算機を使用して作成したものについては，電子帳簿保

存法に基づき，電子データによる保存をもって書類の保存に代えることができる（電帳法4②）。例えば，ExcelやWord，ERPシステムなどで作成した請求書データにつき，紙に出力したものを取引先に郵送し，自社では手許データのみを保存する方法である。

　なお，作成したデータでの保存に当たっては，次の3つの要件を満たす必要がある。

① 　電子インボイスの保存等に併せて，システム関係書類等（システム概要書，システム仕様書，操作説明書，事務処理マニュアル等）の備付けを行うこと（電帳規2②一，③）

② 　電子インボイスの保存等をする場所に，その電磁的記録の電子計算機処理の用に供することができるPC，プログラム，ディスプレイ及びプリンタ並びにこれらの操作説明書を備え付け，その電子データをディスプレイの画面及び書面に，整然とした形式及び明瞭な状態で，速やかに出力できるようにしておくこと（電帳規2②二，③）

③ 　税務調査等で電子インボイスの提示若しくは提出の要求に応じることができるようにしておくこと又は電子インボイスについて，次の要件を満たす検索機能を確保しておくこと（電帳規2②三，③）

　・ 　取引年月日，その他の日付を検索条件として設定できること
　・ 　日付に係る記録項目は，その範囲を指定して条件を設定することができること

Ⅲ　DX化と電子インボイス

ここまで見てきたように，消費税法のインボイス制度における電子イ

ンボイスは，電子化された適格請求書のデータそのものを指していたが，DX化の推進において「電子インボイス」という言葉が使用される場合には，EDI取引などで交換される取引データをもとに電子上で適格請求書を作成・授受する一連のシステムという意味で使われている。

　大企業を中心に，日々の受発注については，受発注システムなどを含むEDI取引によって取引データを通信上でやりとりすることで，効率化が図られている。従来の電話やFAXなどのアナログな形でのやり取りでは，発注，出荷，検収，請求，決済などの各段階で自社のシステムに取り込むためにデータの入力作業（再デジタル化）が必要になるが，商品の品番や数量データなど直接やり取りするEDIを利用すれば，これらの作業を大幅に削減でき，業務の効率化に繋げることができる。

　しかし，これまでEDIは取引先ごとに専用回線を用意する多端末問題，業界ごとに仕様が異なる問題，企業ごとに構築されたEDIサイトに個々にアクセスを必要とする多画面問題など，その仕様が標準化されないために請求書を一元管理できない不便さを抱えてきた。

　今回，インボイス制度の開始に伴い，多くの企業で請求書発行システムの見直しが避けられない中で，請求データのやり取りの仕様を標準化して，一元管理ができるようなシステムづくりを目指すとともに，同時に適格請求書としての要件充足に対応できるシステムの開発が進んでいる。

　このように，EDIをベースに，請求データを標準化された仕様でやり取りし，人手を介さずに適格請求書の電子化に対応できるシステムのことを「電子インボイス」と呼び，これを導入することで，業務の効率化や付加価値の高いサービス提供体制の構築を目指す動きが活発となっている。

【図表34】消費税上での電子インボイス（インボイスQ&A問28）

適格請求書に係る電磁的記録（電子データ）で，下記のような方法により提供されるもの
　・光ディスク，磁気テープ等の記録用の媒体による提供
　・電子メールによる電子データの提供
　・インターネット上にサイトを設け，そのサイトを通じた電子データの提供
　・EDI取引における電子データの提供

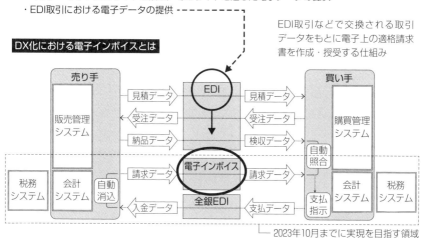

（出処：電子インボイス推進協議会「電子インボイスとは」より加工）

1　電子インボイスの導入を加速する企業を取り巻く環境変化

　今後数年の間に，請求発行システムの更新を検討せざるを得ない環境変化が立て続けに予定されており，これを機に電子インボイスの導入が加速する可能性が高い。

【図表35】

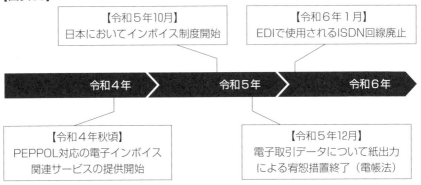

① 消費税法における適格請求書保存方式（インボイス方式）の開始（令和5年10月）

適格請求書に記載すべき事項に対応できるよう，例えば，適格請求書発行者の登録番号を表示させる，請求書発行システムにおける消費税額の端数計算方法の見直しなど，請求書発行システムや領収書発行システムの改修に迫られる企業が多く存在すると予想される。

その際，インボイス方式の開始は，消費税申告の納税額の計算方法を，より複雑で，事務処理の負担を大幅に増加させることが想定されるため，取引データを会計システムに連携できる電子インボイスシステムを検討する企業も増える可能性が高い。

また，インボイスの発行者側も受領者側もインボイスの保存を確実に行ううえで，ペーパーレスへの移行にメリットを感じる企業が増えると考えられる。

② デジタル庁から国際標準であるPEPPOLの日本版の標準仕様（JP PINT）が公開され，適格請求書の要件を満たすことのできる製品・サービスの提供体制づくりが進んでいること

これまでのEDIでは，汎用性が高いとはいえず，業界を跨ぐ取引に

対応できない，Web-EDIにしても取引先ごとにWebサイトが構築され
ていて一元的に請求書の管理ができない，などの悩みを抱えていたが，
PEPPOLという国際的な共通仕様の使用により，各EDIネットワーク
を繋ぎ合わせる役割を果たすことが期待され，なおかつ適格請求書とし
ての要件を満たせるようなデータ交換ができるように開発が進んでいる。
請求データを一元管理できるようになれば，業務効率化に繋がることは
間違いなく，電子インボイスのシステムの導入に関心をよせる企業は増
えると考えられる。

③　個別EDIや業界標準EDIで使用されることが多かったISDN回線が廃止
　　されること（令和6年1月）

　ISDN回線の廃止に伴い，同回線を使用していた企業では新しいEDI
のネットワークに切り替える必要が生じるため，システムの見直しが必
要となる。

2　今後の展望

　これらの環境変化が，ほぼ同時期に起きるため，請求書発行システム
の入替え圧力は大きくなることが予想される。

　令和4年秋以降PEPPOL対応の電子インボイスのサービス提供が開
始すれば，おそらく，令和5年10月のインボイス制度開始を前に，大き
な動きが出てくると考えられる。

　こういった業務効率化に向けた取組みは，規模のメリットの得られや
すい大企業から進んでいく傾向があるが，電子インボイスは，大前提と
して，取引当事者の双方が導入する必要があるため，取引相手である中
小企業においても，電子インボイスの導入を促す流れが強くなることが
考えられる。

これらのことを前提に，請求書発行システム，電子データの保存システム，会計システム等の見直しを進めると良いだろう。

第6章

インボイス制度下における契約の重要性

インボイス制度は消費税法において定められた制度であるが，その導入による影響は消費税の申告実務だけにとどまらない。請求書の交付手続や経費精算等を含む社内の経理実務への影響はもちろんのこと，営業上の重要事項である取引相手との「取引条件」にも影響を与える制度である。

　インボイス制度導入に伴う影響の範囲は，その事業者の置かれた立場によって大きく異なる。制度導入後に想定外の不利益が生じないように，自らの事業にどのような影響があるのか，様々な側面から検討を行い，制度開始前までにできる限りの対応をしておく必要がある。

　一般的に制度導入の影響が大きいと言われているのは免税事業者である。免税事業者は適格請求書発行事業者として登録を行わなければ，課税事業者との取引から排除される可能性があるなど，様々な影響が指摘されている。

　一方で適格請求書発行事業者として登録する事業者（以下，「登録事業者」とする）においても他人事ではない。売上側の立場に立てば，登録をすることで取引先との関係性は保たれる一方，仕入側の立場に立つと，仕入先が登録事業者とならなければ仕入税額控除の適用ができなくなり，現状の取引条件をそのまま継続すると不利益を被ることになる。不利益を回避するためには，仕入先との間で条件交渉を行わなければならず，今後仕入先に対してどのようにアプローチしていくかが大きな課題となる。

　本稿においては，インボイス制度導入に伴い仕入側に不利益が生じるケースについて検証するとともに，その不利益を回避するための手段として今後重要になると考えられる取引先との契約について，主に仕入側の視点で解説する。

消費税法において定められていること

　消費税法においてインボイス制度について定められていることは，請求書等の様式（記載事項）に関する規定，登録手続きに関する規定，経過措置の取扱いを除くと，おおむね次の取扱いに集約される。

【仕入側の立場】

・仕入税額控除を適用するためには適格請求書発行事業者が交付する適格請求書を保存しなければならない。

【売上側の立場】

・申請書を提出することで適格請求書発行事業者になることができる。（任意規定）

・適格請求書発行事業者は，納税義務の免除の規定が適用されない。

・適格請求書発行事業者は，他の事業者から交付を求められた場合には，適格請求書を交付しなければならない。

　以上のとおり，消費税法において定められていることは，それほど多くはない。仕入側の立場に立てば，「インボイスの保存がなければ，仕入税額控除が適用できない」ということのみである。ただし，この一つの要件が税務申告への影響を超えて，事業上の取引に様々な影響を及ぼすことになる。

II 売上側が登録事業者である場合の
仕入側のリスク

それでは，売上側（仕入側にとっての仕入先）が登録事業者となれば，仕入側は何ら問題なく現状の取引を継続できるのであろうか。登録事業者からの仕入れであれば仕入税額控除が適用できるため問題がないように思えるが，実際のところはそうとも言い切れず，仕入先に不利益が生じる可能性もある。理由は次のとおりである。

【売上側（仕入先）が登録事業者となっても，仕入側に不利益が生じる可能性がある理由】

① 適格請求書発行事業者の登録は，税務署長の権限による取消しの可能性がある

② 適格請求書発行事業者の登録は，その事業者の判断により「適格請求書発行事業者の登録の取り消しを求める旨の届出書」を提出することで，取消しの可能性がある

③ 個人である登録事業者に相続が発生した場合，登録事業者の地位は事業を引き継いだ相続人には引き継がれない

④ 法人である登録事業者に組織再編等の理由により事業の移転が起こった場合，登録事業者の地位は事業を引き継いだ法人には引き継がれない

①における税務署長が登録事業者の登録を取り消すことができるケースは次のとおりである。

(イ) 1年以上所在不明であること

(ロ) 事業を廃止したと認められること

(ハ) 合併により消滅したと認められること

　　�二）　消費税法の規定に違反して罰金以上の刑に処せられたこと

（注1）　㈲の「1年以上所在不明であること」における「所在不明」について
　　　　は，例えば，消費税の申告書の提出がないなどの場合において，文書の
　　　　返戻や電話の不通をはじめとして，事業者と必要な連絡が取れないとき
　　　　などが該当する。

（注2）　事業者は，㈹の事業の廃止の事実があった場合は「事業廃止届出書」
　　　　を，㈨の合併による消滅の事実があった場合は「合併による法人の消滅
　　　　届出書」をそれぞれ提出する義務がある（これらの届出書の提出により
　　　　登録は失効する）。

　②の登録の取消しを求める旨の届出があった場合には，原則として，
登録取消届出書の提出があった日の属する課税期間の翌課税期間の初日
に登録の効力が失われる。ただし，登録取消届出書を，その提出のあっ
た日の属する課税期間の末日から起算して30日前の日（注）から，その
課税期間の末日までの間に提出した場合は，その提出があった日の属す
る課税期間の翌々課税期間の初日に登録の効力が失われることとなる。

（注）　令和5年度税制改正により「提出があった課税期間の翌課税期間の初日
　　　から起算して15日前の日の翌日」に変更予定である。

【登録取消届出書の効力発生に関する具体例】

12月決算法人である登録事業者が登録取消届出書を提出する場合

㈲　令和7年5月30日に提出した場合

　　　令和8年1月1日から登録の効力がなくなる（令和7年12月
　　31日までは登録事業者として適格請求書の発行義務がある）

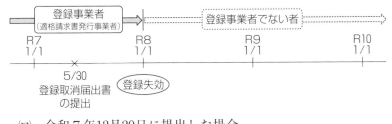

㈹　令和7年12月20日に提出した場合

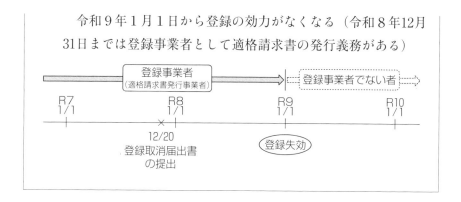

　③と④の取扱いについては**Ⅴ**と**Ⅵ**で後述するが，①から④に記載した理由を要約すると，「登録事業者であることを前提に取引をしていた仕入先が，突然インボイスを交付できない事業者となることが起こり得る」，ということになる（①については，上記㈡の場合が想定される）。また，登録が取消された場合に，その取消された事業者にその取消しの事実を取引先に通知しなければならない義務は課されていないため，それが事後的に知らされる（請求書等に登録番号の記載がないことで初めてわかる）可能性があることになる。

　前述のとおり，消費税法で定めているのは「インボイスの保存がなければ，仕入税額控除が適用できない」ということのみである。どのような事情があるにせよ，税法が求めているのはインボイスの保存であり，インボイスの交付を受けられず保存ができないのであれば，仕入側は仕入税額控除を適用することはできない。仕入税額控除を適用できないことによる仕入側の不利益は税法では解決できないため，解決方法としては，取引の当事者間で対価の見直しを行うしかない。

独占禁止法，下請法等に関する問題

では，仕入先（売上側）事業者が登録の取消し等により登録事業者でなくなった場合には，仕入側は相手に対価の見直しを要求しても良いのであろうか。この点に関し留意しなければいけないのは，独占禁止法や下請法等の問題である。以下，中小企業庁が公表している「インボイス制度後の免税事業者との取引に係る下請法等の考え方」の事例を記載する。

【事例】

・「報酬総額11万円」で契約を行った。

・取引完了後，インボイス発行事業者でなかったことが，請求段階で判明したため，下請事業者が提出してきた請求書に記載された金額にかかわらず，消費税相当額の1万円の一部又は全部を支払わないことにした。

発注者（買手）が下請事業者に対して，免税事業者であることを理由にして，消費税相当額の一部又は全部を支払わない行為は，下請法第4条第1項第3号で禁止されている「下請代金の減額」として問題になります。

本事例は，発注者（買手）が下請業者の登録状況を確認しないまま取引を行ったことを前提としていると思われるため，登録事業者であることを前提に開始した継続取引において，想定外に登録の取消しがあったケースについてもこの例示の取扱いが厳格に適用されるかどうかは現時点で判断できないが，少なくとも一方的と見られる減額は問題となる可

能性が高い。仮に問題とならなかったとしても，対価の見直しは交渉事であるため，相手が容認してくれるかどうかは相手次第である。特に，対価の支払い後に登録の取消しに気づき，相手に対価の一部の返金を求めることになる場合には，相手の理解を得るのが困難となる可能性がある。

　登録の取消しは，どのような相手であっても起こり得る。取引金額が多額な場合にあっては，経営を揺るがしかねない影響額となる可能性もある。

　このような不測の事態に備えるためには，事前に予防策を講じるしかない。具体的には，取引先との契約が重要になる。インボイス制度導入後においては，取引先との契約において想定されるリスクへの対応を明確化しておくことが望ましいものと考える。

Ⅳ　契約の対応

　たとえば，一般的な委託契約の取引における契約書では，以下のような条項がある。

第○条（報酬の額）
　1　甲は本件業務の対価として乙に対し1,000,000円（消費税等別）を支払うものとする。

　現状の実務において，この条項により支払われる対価の額は消費税等の額10%を含む110万円である。では，インボイス制度導入後，契約書にこのような表記をした場合において，相手方が登録事業者でないときは，消費税相当額10万円を支払うべきなのであろうか。基本的には当事

者間の認識の問題になると思うが，当該条項はあくまでも報酬額を定めているものであるため，引き続き消費税"相当額"を含む110万円を支払うべき契約になるものと考える。

　仮にそうであるとした場合，今後の対応としては相手方が登録事業者である場合と登録事業者でない場合で対価が変動するような契約とすることが望ましいこととなる。契約当初は相手方が登録事業者であることを前提とした場合の契約であれば，例えば，以下のような点を契約に加えておくことが考えられる。

（契約書に追記すべき事項）

・本契約は対価の受領者（資産の譲渡，貸付，又は役務提供を行う者）が登録事業者であることを前提としていること

・対価の受領者が今後登録事業者でなくなった場合には，相手方に直ちに報告するものとすること

・対価の受領者が登録事業者でなくなったことに伴い対価の支払者における消費税の納税負担が増加した場合には，その増加額を補填するため，対価の見直しを行うことができるものとすること(注)

・対価の見直しは登録事業者でなくなった時点まで遡ることができ，登録事業者でなくなった後に行われた資産の譲渡等に係る請求について既に対価の支払いを行っていた場合には，遡って対価の一部返還を求めることができること

（注）　経過措置（インボイス制度の実施後3年間は，仕入税額相当額の80%，その後の3年間は50%の控除ができることとする措置）の取扱い，支払側の消費税の申告方式や課税売上割合などの状況により納税負担の増加額は異なるため，具体的な変更後の金額を明記しておくことは難しいと考える。また，対価の受領者が登録事業者でなくなったとしても消費税の免税事業者になるとは限らないため，実際に対価の見直しを行う際には売上側の納税負担も考慮することが考えられる。

なお，財務省／公正取引委員会／経済産業省／中小企業庁／国土交通

省の連名で公表されている「免税事業者及びその取引先のインボイス制度への対応に関するQ&A」のQ7において以下の記載がある。

> インボイス制度の実施後の免税事業者との取引において，仕入税額控除ができないことを理由に，免税事業者に対して取引価格の引下げを要請し，取引価格の再交渉において，仕入税額控除が制限される分について，免税事業者の仕入れや諸経費の支払いに係る消費税の負担をも考慮した上で，双方納得の上で取引価格を設定すれば，結果的に取引価格が引き下げられたとしても，独占禁止法上問題となるものではありません。

　独占禁止法や下請法等が問題となるのは，優越的な地位から一方的な減額等を行うようなケースであるため，契約前において適切に交渉を行い，取引開始後に対価の減額が行われる可能性があることを前提条件として双方納得の上で契約を結ぶのであれば，登録事業者でなくなった後に対価の見直しを行ったとしても，問題となることはないものと考える。

　以上が登録の取消しを想定した場合の対応であるが，これ以外にも，登録事業者との取引が登録事業者ではない者との取引に変わってしまうケースとして，**Ⅱ**③の相続が発生した場合と**Ⅱ**④の組織再編等により事業が移転した場合が考えられる。実務的には，通常の取消しの場合よりも発生の頻度は高いと考えられるため，それぞれのケース別に具体例を確認する。

Ⅴ　契約の対応相続発生を想定した対応（支払先が個人の場合）

　相続が発生した場合の対応について，具体的事例として，店舗用建物

の賃貸借契約の場合で考える。

【前提】

店舗用建物の賃貸

賃貸料　1,000（税抜）＋100（消費税）

賃貸人　登録事業者である個人

賃借人　消費税の課税事業者

1　相続の発生

2　相続後の取引（相続人が登録しない場合）

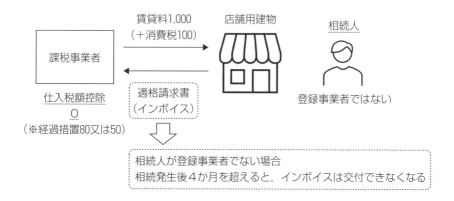

登録事業者である個人事業者に相続があった場合には，被相続人における登録事業者としての登録の効力や登録番号は相続人に引き継がれない。したがって，相続により事業を承継した相続人が登録事業者でない場合には，新たに登録を行わないとインボイスの交付を行うことができない。相続があった場合には，次の期間については相続人を登録事業者とみなす措置が設けられており，この場合，被相続人の登録番号を相続人の登録番号とみなすこととされているため，相続後ただちにインボイスを交付できなくなるわけではないが，登録の猶予は死亡日の翌日から4か月である。この間に登録されなければ，取引の相手先の事業者はインボイスの交付を受けられなくなり，仕入税額控除を適用できなくなる。

【相続人を登録事業者とみなす期間】
相続のあった日の翌日から次のいずれか早い日までの期間
　・相続人が適格請求書発行事業者の登録を受けた日の前日
　・登録事業者である被相続人が死亡した日の翌日から4月を経過する日

　相続人が複数人いる場合において，4か月経過時点で遺産分割が済んでいない場合や対象物件が共有で相続された場合には，その複数の相続人のうちインボイスを交付できるのは登録事業者として登録手続きした相続人のみであり，この場合にインボイスに記載できる金額は，その登録事業者である相続人の持分相当分のみとなる。便宜的に相続人間で転貸契約をし，相続人代表のみが登録をして，その代表の登録番号により賃貸料の総額を請求するといった対応も考えられなくはないが，いずれにせよ，4か月以内に取引の相手方に配慮した適切な対応ができるのは，相続人に相当の知識があるか，適切なアドバイスができる専門家がいるケースに限られる。また，適切な対応ができたとしても，登録するかどうかはその相続人の判断による。

　このように，相続人が登録するかどうかについては，通常は事業者側ではコントロールできない。そもそも，賃貸人と日常的な接点がなければ相続の事実を早期に確認できるかどうかも危うい。また相続人と接点を持ち，何らか交渉ができたとしても，相手方にインボイス制度の知識がなければ，相続後4か月という期間で登録を促すことや値引きの交渉を行うことが難しい場合も想定される。

　したがって，仕入税額控除が適用できなくなった場合に金額的な影響が大きいと考えられる個人事業者との契約（主に事業用建物の賃貸借契約が考えられる）については，あらかじめ現状の取引相手との間で契約の見直しを行っておくことも一つの方法である（不動産の賃貸借契約の内容は相続によって相続人に引き継がれるため，相続後もその内容は有効となる）。契約上考慮すべき内容については，上記Ⅳと同様である。

　なお，相続発生後，最長4か月の間について相続人を登録事業者とみなす措置は，インボイス制度が導入される令和5年10月1日以後に相続が発生した場合の取扱いである。令和5年9月30日以前に相続が発生した場合には，被相続人はその時点では登録が未了であるため，相続発生後4か月以内にインボイス制度が始まったとしても，被相続人が通知を受けていた番号を交付することはできない（インボイス制度導入前に登録申請を行い，登録番号の通知を受けていたとしても，登録日は令和5年10月1日となるため）。相続人がインボイス制度導入開始とともにインボイスを交付するためには，令和5年9月30日までに登録申請書を提出し，登録を受ける必要がある。

事業の移転を想定した対応（支払先が法人の場合）

　組織再編等により事業が移転した場合への対応について，具体的事例

として，継続的な役務提供を行う事業を会社分割で移転した場合で考える。

【前提】

継続的な役務の提供

役務提供の対価　1,000（税抜）+100（消費税）

役務提供を行う事業者　　　登録事業者である法人

役務の提供を受ける事業者　消費税の課税事業者

1　会社分割による事業の移転

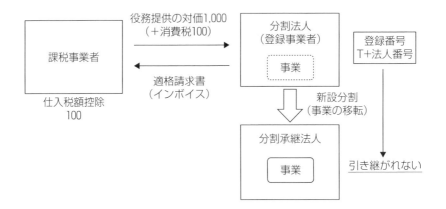

2　分割後の取引

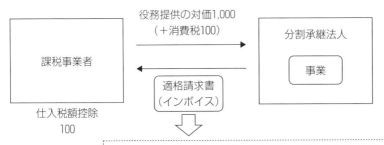

登録事業者である法人が，会社分割（新設分割）により分割承継法人に事業を移転した場合においても，分割法人における登録事業者としての登録の効力や登録番号は分割承継法人には引き継がれない。したがって，分割承継法人において新たに登録を行わないとインボイスの交付を行うことができない。この点は相続と同様であるが，登録のための手続きについては相続で事業を承継した場合とは異なる。新設分割の場合には，事業を新たに開始した事業者となるため，その事業開始の日（新設の日）の属する課税期間（事業年度）の末日までに登録申請書を提出し，登録がされた場合には，当該課税期間の初日において登録を受けたものとみなされる。

Ⅱ③の相続の場合と同様に，基本的に相手方の登録を強制することはできない。また，相当規模の事業が移転し，通常であれば登録が前提になると思えるようなケースであっても，売上側の事業者が登録を失念するという可能性も考えられる。繰り返しにはなるが，提出の失念など

仕入側ではどうすることもできない理由があっても，インボイスの交付がなければ，仕入側は仕入税額控除を適用することはできない。したがって，法人との取引についても，その取引に係る契約において事業の移転を想定した契約をしておくことが望ましいと考える（組織再編などの事業の移転を想定した場合の具体的な契約書への記載事項については，法務的な側面が強いため，本稿での記載は注意喚起にとどめることとする）。

＜監修者紹介＞

税理士法人　山田＆パートナーズ

〈国内拠点〉

【東京事務所】〒100-0005　東京都千代田区丸の内1−8−1　丸の内トラストタワーＮ館8階
　　　　　　　　　　　　　TEL：03-6212-1660

【札幌事務所】〒060-0001　北海道札幌市中央区北一条西4−2−2　札幌ノースプラザ8階

【盛岡事務所】〒020-0045　岩手県盛岡市盛岡駅西通2−9−1　マリオス19階

【仙台事務所】〒980-0021　宮城県仙台市青葉区中央1−2−3　仙台マークワン11階

【北関東事務所】〒330-0854　埼玉県さいたま市大宮区桜木町1−7−5　ソニックシティ
　　　　　　　　　　　　　ビル15階

【横浜事務所】〒220-0004　神奈川県横浜市西区北幸1−4−1　横浜天理ビル4階

【新潟事務所】〒951-8068　新潟県新潟市中央区上大川前通七番町1230−7　ストークビ
　　　　　　　　　　　　　ル鏡橋10階

【長野事務所】〒380-0823　長野県長野市南千歳1−12−7　新正和ビル3階

【金沢事務所】〒920-0856　石川県金沢市昭和町16-1　ヴィサージュ9階

【静岡事務所】〒420−0853　静岡県静岡市葵区追手町1−6　日本生命静岡ビル5階

【名古屋事務所】〒450-6641　愛知県名古屋市中村区名駅1−1−3　JRゲートタワー41階

【京都事務所】〒600-8009　京都府京都市下京区四条通室町東入函谷鉾町101　アーバン
　　　　　　　　　　　　　ネット四条烏丸ビル5階

【大阪事務所】〒541-0044　大阪府大阪市中央区伏見町4−1−1　明治安田生命大阪御堂
　　　　　　　　　　　　　筋ビル12階

【神戸事務所】〒651-0001　兵庫県神戸市中央区加納町4−2−1　神戸三宮阪急ビル14階

【広島事務所】〒732-0057　広島県広島市東区二葉の里3−5−7　グラノード広島6階

【高松事務所】〒760-0017　香川県高松市番町1−6−1　高松NKビル14階

【松山事務所】〒790-0005　愛媛県松山市花園町3-21　朝日生命松山南堀端ビル6階

【福岡事務所】〒812-0011　福岡県福岡市博多区博多駅前1−13−1九観承天寺通りビル5階

【南九州事務所】〒860-0047　熊本県熊本市西区春日3−15−60　JR熊本白川ビル5階

〈海外拠点〉

【シンガポール】1 Scotts Road #21-09 Shaw Centre Singapore 228208

【中国（上海）】亜璃達商務諮詢（上海）有限公司上海市静安区南京西路1515号　静安嘉
　　　　　　　　里中心1座12階1206室

【ベトナム（ハノイ）】26th floor West Tower, LOTTE CENTER HANOI, 54 Lieu
　　　　　　　　　　　Giai, Cong Vi, Ba Dinh, Hanoi, Vietnam

【アメリカ（ロサンゼルス）】1411 W. 190th Street, Suite 370 | Gardena, CA 90248 USA

1981年4月　公認会計士・税理士　山田淳一郎事務所設立

1995年6月　公認会計士・税理士　山田淳一郎事務所を名称変更して山田＆パートナーズ会計事務所となる。

2002年4月　山田＆パートナーズ会計事務所を組織変更して税理士法人山田＆パートナーズとなる。

2005年1月　名古屋事務所開設

2007年1月　関西（現大阪）事務所開設

2010年12月　福岡事務所開設

2012年6月　仙台事務所開設

2012年11月　札幌事務所開設

2014年1月　京都事務所開設

2014年11月　金沢事務所・静岡事務所・広島事務所開設

2015年11月　神戸事務所開設

2016年7月　横浜事務所開設

2016年10月　北関東事務所開設

2017年7月　盛岡事務所開設

2017年11月　新潟事務所開設

2018年4月　高松事務所開設

2019年7月　松山事務所開設

2020年7月　南九州事務所開設

2022年1月　長野事務所開設

〈業務概要〉

　法人対応，資産税対応で幅広いコンサルティングメニューを揃え，大型・複雑案件に多くの実績がある。法人対応では企業経営・財務戦略の提案に限らず，Ｍ＆Ａや企業組織再編アドバイザリーに強みを発揮する。また，個人の相続や事業承継対応も主軸業務の一つ，相続税申告やその関連業務など一手に請け負う。このほか医療機関向けコンサルティング，国際税務コンサルティング，新公益法人制度サポート業務にも専担部署が対応する。

＊＊＊＊＊　著者紹介　＊＊＊＊＊

平井　伸央（ひらい　のぶお）

　税理士。税理士法人山田＆パートナーズ　法人部パートナー。

　明治大学商学部卒業。大原簿記学校にて税理士講座法人税法の講師に従事し
たのち，2004年に税理士法人山田＆パートナーズに入所。2006年税理士登録。
主として法人の税務顧問業務に従事するほか，M&Aや組織再編成の税務ア
ドバイザー業務などを行う。

森口　直樹（もりぐち　なおき）

　税理士・公認会計士　税理士法人山田＆パートナーズ　国際部部門長。

　筑波大学比較文化学類卒業。2009年に税理士法人山田＆パートナーズに入所。
2014年公認会計士登録。主として国際税務業務，法人関連業務に従事している。

市川　祐介（いちかわ　ゆうすけ）

　税理士。税理士法人山田＆パートナーズ　名古屋事務所シニアマネージャー。

　岐阜県出身。2006年3月に専修大学大学院商学研究科修了，同年に税理士法
人山田＆パートナーズ東京本部に入社。2008年5月税理士登録。法人の税務
顧問業務に従事するほか，M＆A関連業務，組織再編コンサルティングなど
のホールセール業務を幅広く担当している。

天木　雪絵（あまき　ゆきえ）

　税理士。2016年税理士法人山田＆パートナーズ入社。

　中央大学商学部卒業。税務に関する調査研究レポートを執筆。

編著者との契約により検印省略

令和4年7月15日　初版発行
令和5年3月1日　第2版発行

企業における基本がわかる！

必要最低限の
消費税インボイス対応

［第2版］

著　　者　　税理士法人山田&パートナーズ
発 行 者　　大　坪　克　行
印刷・製本　　株式会社　技秀堂

発行所　東京都新宿区　株式　税務経理協会
　　　　下落合2丁目5番13号　会社

郵便番号 161-0033　振替 00190-2-187408　電話 (03)3953-3301（大 代 表）
　　　　　　　　　　FAX (03)3565-3391　　　　(03)3953-3325（営業代表）
URL　http://www.zeikei.co.jp/
乱丁・落丁の場合はお取り替えいたします。

ISBN978－4－419－06924－7　C 3034